世界をたべよう！ 旅ごはん

Sugiura Sayaka
杉浦さやか

Jacket Potato
ポテトの皮を
ジャケットに見立てた
しゃれた名前。
大きないもは
ホクホクでうまい。

はじめての旅ごはん

はじめての海外旅行は21歳の春。鉄道を使って、3週間でヨーロッパ6カ国をまわりました。バイト代をはたき、両親に借金をしての旅立ち。飛行機の窓から、1カ国目のイギリスの風景が見えてきたときの感動は、忘れられません。美しい緑の絨毯《じゅうたん》につみ木のようなレンガの家が並び、まるで絵本を眺めているようだった。

トランクをホテルに置いて、さぁ、はじめての旅ごはん。友達と3人、外国人だらけの街に怖気《おじけ》づきながら歩きまわり、気軽そうなファストフード店に入りました。ちゃんと注文できるか心臓がバクバクでしたが、笑顔のやさしい店員のおばさまにホッとひと安心。そしてカウンターから出てきたものは……今までの全旅行の中でも、一等賞にひどかったと思う。ベイクドポテトに、ぶにょぶにょのソーセージ&体臭味の煮豆がはさまったもの。食べものは残さない主義だけど、どうしてもダメで、外側のポテトだけをもそもそと食べたのでした。

この〝ジャケットポテト〟というイギリスの名物料理

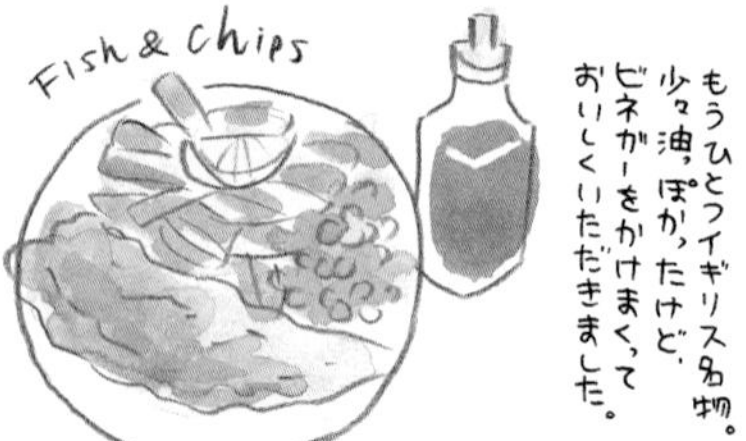
Fish & Chips
もうひとつイギリス名物。
少々油っぽかったけど、
ビネガーをかけまくって
おいしくいただきました。

Bocadillo
スペイン風サンドイッチ
マドリードのバルで
「Beer」を頼んだら、
ホットミルクが出てきた。
すぐさま覚えた
「セルベッサ、ポルファボール
（ビールください）！」

自体がまずいわけではなく、私がのちのちまで苦手とする「イギリスのソーセージ」と「チリコンカン」という組み合わせが敗因だったのでしょう。しかしこの強烈な洗礼のおかげで、そのあとの20日間はなんだっておいしく食べられました。旅の前に父から「イギリスの飯はまずいぞ〜」と脅されたけど（イギリス、行ったことないくせに！）、王立植物園「キューガーデン」のティールームのスコーン、ケンブリッジで食べたスパニッシュオムレツ、おいしいものだっていくつもあった。

たとえ自分の口には合わなくても、それも全部、愛《いと》おしい思い出になるのが旅の力。はじめての外国の街のにおい、春の夕方の陽の光、不安げな友達の顔、緊張と興奮。20年以上たった今も微笑ましく、鮮やかに思い浮かべることができます。

それから何度も旅をして、たくさんのおいしいやびっくり、しあわせな旅ごはんを味わってきました。おもに軽食やB級、とかたよってはいるけど、旅の記憶とともに描きとめた味、みなさんにも一緒に楽しんでもらえますように！

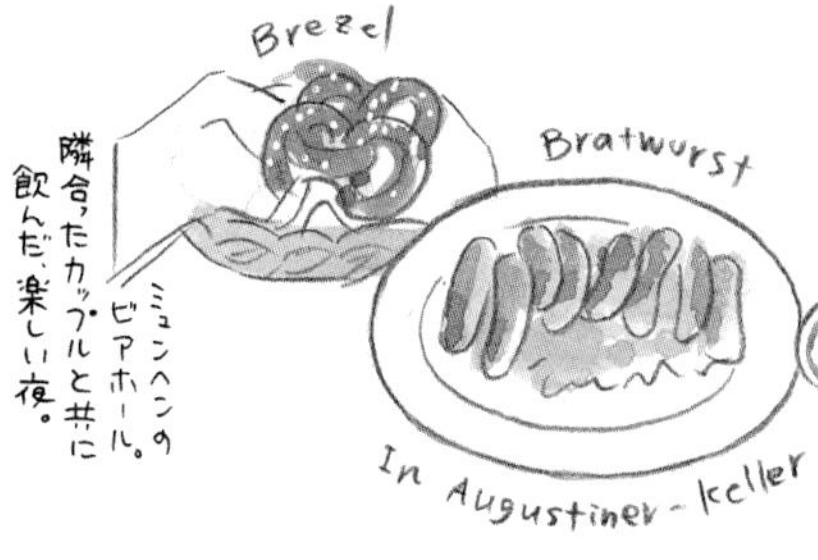
Brezel
Bratwurst
ミュンヘンの
ビアホール。
隣合ったカップルと共に
飲んだ、楽しい夜。
In Augustiner-keller

もくじ

Europe

※本書に出てくる現地通貨での値段や日本円レートなどは、旅行当時のものです。

Asia

Japan

旅のはじまり・機内食

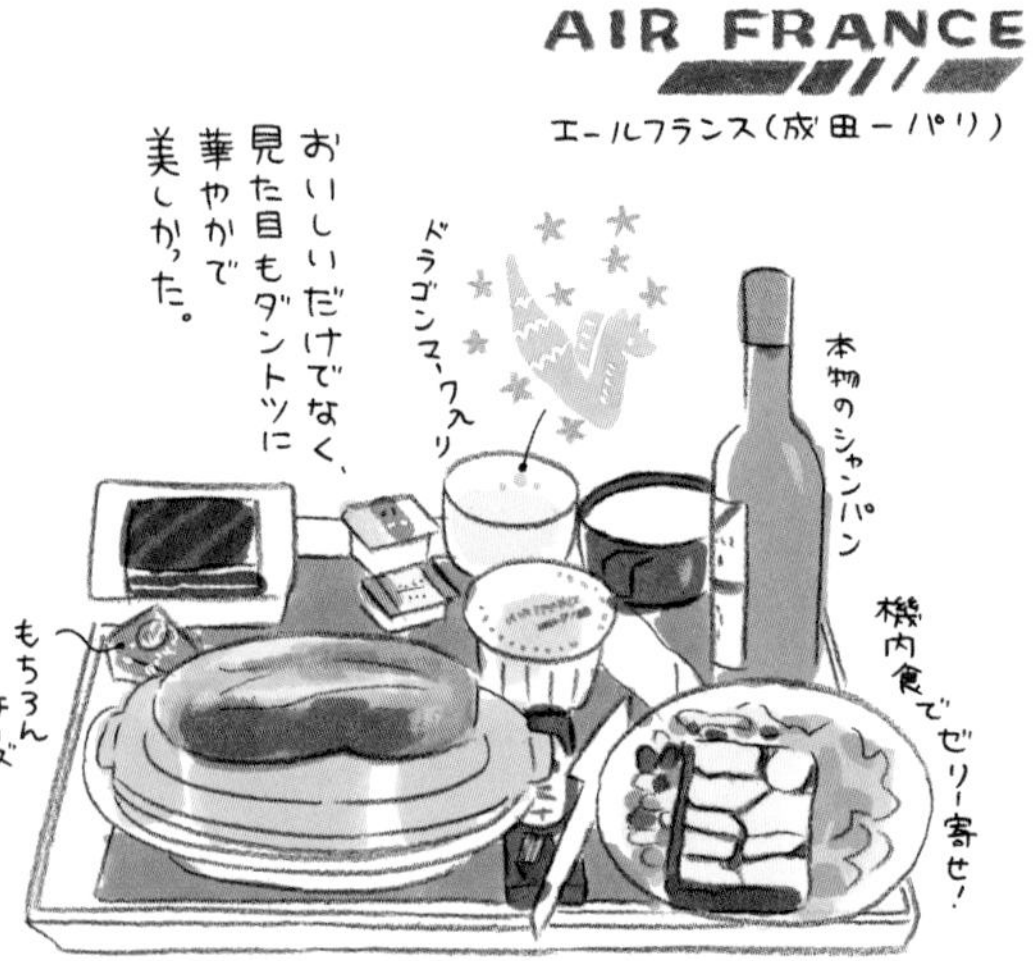
AIR FRANCE
エールフランス（成田ーパリ）
おいしいだけでなく、見た目もダントツに華やかで美しかった。
ドラゴンマーク入り
本物のシャンパン
機内食でゼリー寄せ！
もちろんチーズ

シートカバーがトリコロール。
でも、かわいいシートカバーナンバーワンは中国東方航空（上海ー香港）。
刺しゅうとフリル♡
現在は布じゃないよう。
ロゴはツバメマーク。
粉末クリームの、その名も"珈琲伴侶"。
中國東方航空
CHINA EASTERN

＊各航空会社のロゴマークは掲載当時のものです。

DALAVIA

ダリアビア航空／ロシア
（ハバロフスク－新潟）

たった2時間のフライトだけど、ちゃんと出ました、シベリア弁当。ランチボックス形式って、開けるときにワクワクして大好き。味は……。

一応名物のイクラも……
生ハム
昔チックなデコレーションがかわいいケーキ
パン2つ
サラダ

古い機体は、人んちみたいなじゅうたん&カーテンで、かなり楽しい雰囲気。

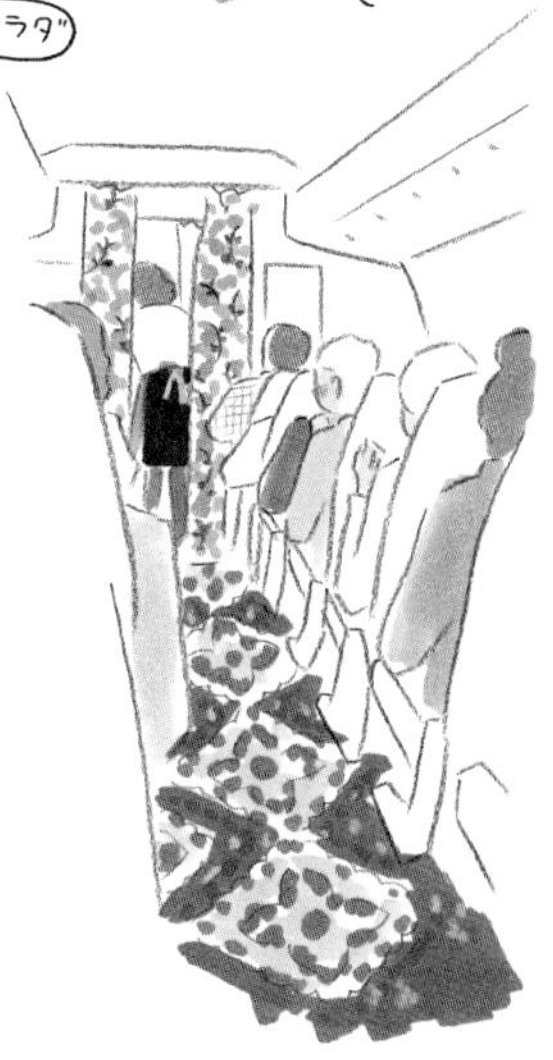

AEROFLOT

アエロフロート・ロシア航空
（モスクワ－プラハ）

アエロフロートも、お弁当。味は……。成田－モスクワはおいしかったのに。

マイ・ウォッカ持参の人がちらほら……。
べろべろに酔って騒ぎだすオバちゃんも。

…離陸時、勝手にリクライニングする座席（ボロくて）。

BRITISH AIRWAYS
ブリティッシュ・エアウェイズ（ロンドン－成田）
オーバーブッキングの恩恵を受け、人生初のビジネスクラス！前菜、サラダ、メイン、デザートとコースで出てくる食事はさすがのクオリティ。行きのエコノミーとの格差は衝撃的……！
サーモンカルパッチョ
デザートはチーズとフルーツ、クラッカー
メインはステーキドーン！
朝食の味はそこそこで、ホッとしたりして。機内食はこうでなくちゃ？
いわゆるイングリッシュブレックファースト……
おいしいマーマレード……
興奮しすぎて12時間一睡もできず。せっかくのフルフラットシートが……

SINGAPORE AIRLINES

シンガポール航空（成田ーシンガポール）

私的・味のベストワン。
鶏のあんかけ焼きうどんは
機内食を超えたレベル。
デザートはマンゴーアイス。

ビールは必ず
地モノを。旅気分が
盛りあがる。

FINNAIR

フィンランド航空（成田ーヘルシンキ）

おもしろ・ベストワン。
焼きそば
そば・パン！
炭水化物
責めの
フィンエアー。

Austrian

オーストリア航空（ウィーンープラハ）

味はもちろん、器やカトラリーも
本物志向だった（現在は
デザイン等変わっています）。

ストッキングまで
まっ赤な制服

シャキシャキサラダに
チキンカツとチーズ
かけポテト。ケーキも
甘すぎずうまーい。

Europe

ヨーロッパ

U.K.

イングリッシュ・ブレックファースト

B&Bのインテリアは、乙女チックで少しやぼったいことが多く、好みだー♡
ジャム
トーストスタンド
カリカリベーコン
ソーセージ
いためたトマトとマッシュルーム

ロンドンから西に２００㎞、列車で2時間ほどの位置に広がる、のどかな丘陵地帯・コッツウォルズ。羊が草をはむ丘の合間に、かわいらしい村々が点在しています。14〜15世紀に羊毛マーケットで栄えた地帯で、はちみつ色の石造りの家並みが特徴。古きよき英国の田舎の姿をとどめた、それは美しい風景です。

運転手は初海外の友人、助手席は渡航2回目の私。レンタカーでコッツウォルズ地方をひとまわりなんて、英語もろくすっぽしゃべれない2人がよくまぁ、思い切ったなぁ。ぐるぐるまわるイギリス式交差点〝ラウンドアバウト〟に苦労しつつ、道に迷いまくりながらの、珍道中。

宿は4泊とも行き当たりばったりで、民宿のB&B（ベッド&ブレックファ

相当高齢のオーナーも。
さすがに朝ごはんは、パートさんが
作りに来てた。

裏木戸からバックヤードを通り、離れのコテージへ。
6月のお庭は花いっぱい！

ースト）を泊まり歩きました。町のインフォメーションで探してもらったり、感じのよさそうな宿に直接アタックしたり。田舎は農家や、リタイアした夫婦が自宅の一部を宿として提供していることが多く、普通のおうちにお邪魔する感覚が魅力。床がギシギシの中世の建物や、庭に面した離れのコテージなど、部屋のタイプは実にさまざま。

B&Bの最大の楽しみは、その名が示す通りの手作りの〝朝食〟。卵にベーコン、ソーセージと野菜、焼きたてのトーストを好きなだけ。お庭やダイニングのインテリアを眺めながら、ボリューム満点の朝食をゆっくり食べる。食後は紅茶を淹《い》れてもらい、つたない英語で宿のオーナーとおしゃべり。たどたどしくも、現地の人とのふれあいに胸を躍らせた若い旅でした。

U.K.
パブでごはん

昔ながらの クラシカルな建物、薄暗い店内。最初はドキドキしたけど、観光客だって利用しやすいお店。"パブリックハウス"だもんね。

ロンドン郊外のパブ。花が飾られてかわいかった。

Beer

ビールの注文はセルフ。種類とサイズを告げる。

お会計はキャッシュ・オン・デリバリー(その場払い)

たて続けに渡英した20代は、飲みなれたラガーばかり。スタウト(黒)はどっしり重厚!

「A pint of lager」
1パイント=568cc
ハーフサイズもあります。

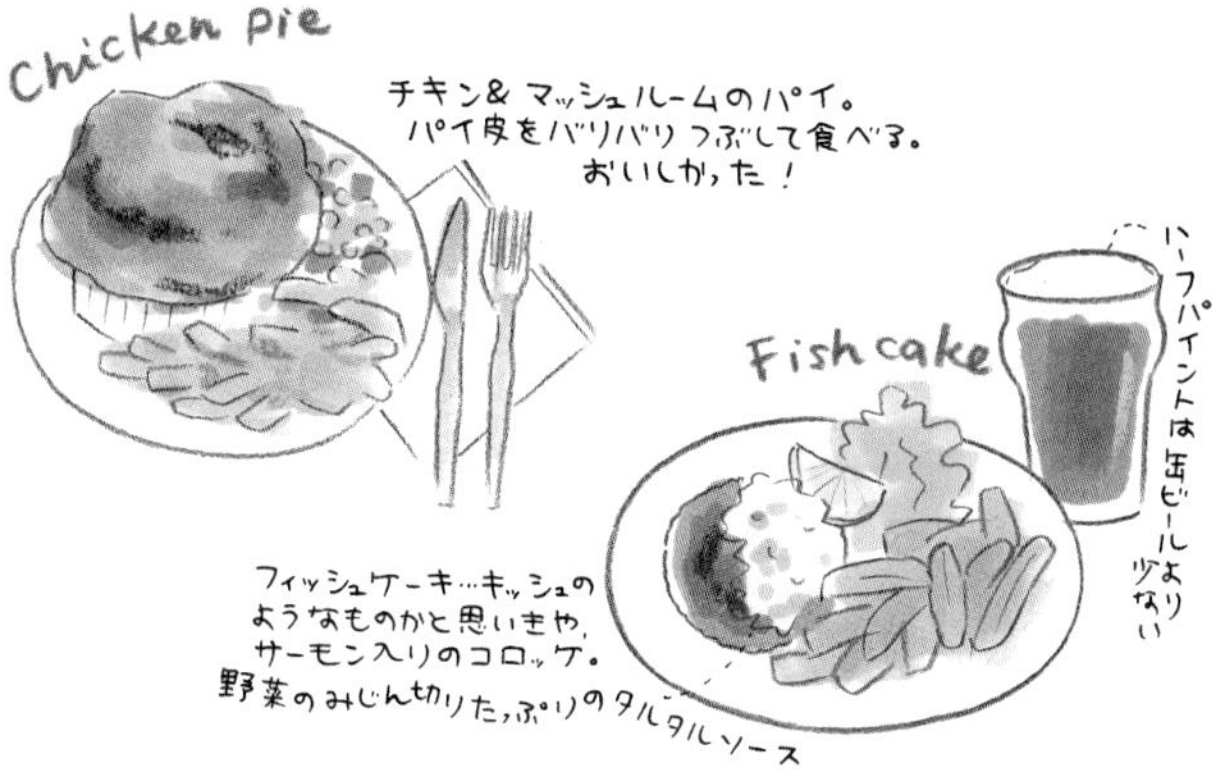
Chicken pie
チキン＆マッシュルームのパイ。
パイ皮をバリバリつぶして食べる。
おいしかった！
Fish cake
ハーフパイントは缶ビールより少ない
フィッシュケーキ…キッシュのようなものかと思いきや、サーモン入りのコロッケ。
野菜のみじん切りたっぷりのタルタルソース

公園にはバラが咲きみだれ、吹く風はさわやか。初夏のロンドンは天気のよい日が多く、夕飯どきでもまだ外は明るい。そして大好きな光景が、にぎやかな声であふれる夕方のパブ。お店の外まではみ出て立ち飲みをする、仕事帰りの陽気な人々を見ると、こっちまでウキウキしてきます。

パブの語源は〝パブリック・ハウス〟。その昔は地域の社交場として存在していて、どんな田舎にも教会とパブはあるのだとか。田舎では家族でごはんを食べに来ていたりして、ロンドンに比べてだいぶアットホームな雰囲気。北アイルランドのパブでは、昼間は近所のわんぱく小僧がうろちょろしていて、「小話するから小銭くれ」なんて言われたこともありました（同行の友人の訳によると、くだらないダジャレ話）。

食事に迷ったら、とりあえず人でにぎわう人気パブに飛び込む。伝統的な店ではちょっとしたつまみしか出さないこともあるようだけど、食事が充実したパブが圧倒的。外にオススメのメニューの黒板が出ているので、それを目印に。チップスがどっさり添えられたフライ料理をつつきつつ、ビールをグイグイ。羽目を外して大声で騒ぐ人がいないのがいい。活気ある空気に身を置くと、ハーフパイントでもいい塩梅に酔っ払えるのです。

FRANCE

パリで異国の味

どうやって食べるのだ?
最近は東京のカフェなどでも見るようになりましたが、私はこの時('02年)が初体験。
パリに着いたその夜に、モロッコ料理店へ……
Couscous
パスタというよりあわみたい
ろうそくだけのほの暗さが、ますます雰囲気をもりあげる。
スープ
干しぶどう
ひよこ豆
クスクス
Tajine
クスクスもイケたが、タジンのおいしさにビックリ! 深くやさしい味。
こんなフタ付きの鍋で出てくる煮こみ。羊肉がポピュラーだけど、苦手なので鶏をチョイス。

Falafel
ファラフェルと、ヨーグルトソースあえの赤キャベツ、揚げナスが入っていた。ちょっとスパイシーでクセになる！
イスラエルビールといっしょに…。ビールと合うんだ、コレが。
＊L'AS DU FALLAFEL＊
ファラフェル屋の多い通りでも、一番人気の店なんだって。

パリの街を歩いて驚いたのが、道ゆく人が多国籍なこと。アフリカ、中東、アジアとまさに人種のるつぼ。郊外のモントルイユの蚤《のみ》の市なんて、出店者もお客もほとんどが移民の人々。行けども行けども下着や工具や、100円ショップ的な生活雑貨が並び、別の国に紛《まぎ》れ込んだよう。ようやく骨董《こっとう》エリアにたどり着くと、これまた「拾ってきたもん、並べてる？」といった泥棒市場の様相。雑誌で見ていた〝花の都パリ〟とは全然違う、生々しい、たくましい一面を見ることができます。当然エスニック料理店も多く、大きな肉の塊が下がるケバブ屋さん、13区のチャイナ&ベトナムタウン、マレのユダヤ人地区など。中でも忘れられない味は、モロッコ料理と、イスラエルのファラフェル。

はじめてのクスクスは、パスタと言われてもピンと来ず、あわのようなおからのような、変わったものだなぁと思ったっけ。野菜たっぷりのスープと相まって、スプーンが止まらなかった。ファラフェルは中近東でポピュラーな、ひよこ豆のコロッケ。これをたっぷりの野菜とともにピタパンにはさんだサンドが、イスラエルの代表的なファストフードなのだそう。立派なお店でコースを食べたりもしたけど、このファラフェルが一番好きだった。

またパリで、味の異国めぐりがしたい。

FRANCE
夜のクレープ

Quartier latin ★
'マロンマン'マークで
おなじみのマロンクリーム
業務用の缶もカワイイ。
カルチェラタンの
クレープスタンド
クレープに塗るジャムが
ズラリ。
しっとりした生地が
おいしかった
木のスティックで器用に丸く薄〜くのばす。

夕食後の腹ごなしに、学生街のカルチェラタンを散歩しました。パリの街は繁華街以外は街灯も少なく、表通りはもちろん、裏通りはさらに暗い。家々の窓を見上げ、「夜って本来、こうよね。東京は明るすぎるよなぁ」と思う。その暗さゆえ、窓の灯りや時々ぽっとあらわれる屋台の電球の色が、とてもあたたかく魅力的に目に映るのです。

　このときもふらふらと、路地のクレープスタンドの灯りに吸い込まれてしまいました。ごはんを食べたばかりでお腹いっぱいなのに、ついマロンクレープを注文。マロンや生クリームがトッピングされたものが出てくるかと思いきや、具はマロンクリームを塗っただけ。おお、シンプルなぶん、生地のもっちり感がしっかり楽しめる。友達

クリニャンクールでガレットクレープ
★ Marché aux puces de clignan court
ブルターニュの旗
CRE
TRADIT
大きくて、食べるのがむずかしい。
卵・チーズ・ハム入りで€3.95
帽子はブルターニュ地方の民族帽。
ガレットはブルターニュの郷土料理なのだ。
市では無気味な貝がら製E.T.を購入。
あげた相手に「コワイ」とつっ返された…。

が頼んだバターと砂糖だけのクレープも味見させてもらったら、溶けかけてシャリシャリの砂糖がしあわせな口ざわり。日本でよくある、トッピングたっぷりのコテコテクレープもいいけれど、この簡素なクレープの味わいにはいたく感動しました。

　クリニャンクールの蚤の市の屋台で食べたのは、そば粉のクレープ〝ガレット〟。デザートメインのクレープに対して、チーズ、ハム、野菜などが入ったごはん系のメニューが多いガレット。サクサクのはしっこ、香ばしい生地がたまらない。

　クレープ同様、ガレットも大好きだけど、バターがたっぷりすぎて、全部食べると胸焼けを起こしてしまう。わかっていても平らげずにはいられない、本場のおいしいガレットなのでした。

FRANCE

ノルマンディのカキ

こんなふうに、突然 サヴィニャックの壁画が
あらわれたり……
ECOLE DE MUSIQUE INTERCOMMUNALE
Claude Bolling
この1ヶ月前の'02年
10月に亡くなった
ばかりで、お墓
まいりもしました。
ホテルの壁にも…

晩秋のパリ、朝7時。まだほの暗いサン・ラザール駅を、列車は静かに発車しました。目指すはノルマンディ地方の海辺の町、トゥルーヴィル＝ドーヴィル。往復4時間をかけての、小旅行に出発です。

川をはさんで、映画『男と女』の舞台になったドーヴィルは、高級リゾート地。対照的にトゥルーヴィルは、かわいらしい街。レイモン・サヴィニャックが生前暮らしており、あちこちに彼のイラストレーションを見ることができます。パリではずっと走るように過ごしていたので、のんびり海辺を歩いたり、のどかな家並みを散策する時間をしみじみと噛み締めました。

トゥルーヴィルのメインストリート沿いには、シーフードレストランがずらりと並んでいます。心地いい日ざし

＊Brasserie Les Vapeurs＊

SOUPE DE POISSON
ドロッとして濃厚〜な魚のスープ。
まずはカキ！ぷりぷりの極上生ガキ！
辛みのあるソース"ルイユ"
HUÎTRES CRUE
お皿にもサヴィニャック！
ルイユ、チーズ、パンを投入して食す。
うまかったから、悔いなし！
しあわせ〜
LES VAPEURS
Les Vollee-Trouville
エスカルゴも食べましたよー。
LES ESCARGOTS
マッチもサヴィニャック♡

を浴びながら、テラスでお昼ごはんを食べました。輝くばかりに新鮮な牡蠣《かき》を肴《さかな》に、女子5人でワインを2本空け、すっかりご機嫌。地元で人気のデリで夕飯用にパテやサラダやハムを買い、意気揚々とパリ行きの列車に乗り込みました。

　パリに着くころ、私だけに異変が起きました。生牡蠣、ストライク。メトロの通路で、ホームで、転がりながら苦しみ、死ぬ思いでホテルに帰還。パリ最後の夕飯、部屋でデリをつまみつつの酒盛りを、ベッドの中から恨めしく眺めました。

　その後ソウルでも牡蠣にあたったけど（懲りない）、このときほどはつらくなかった。あまりにスケジュールを詰め込みすぎて、免疫力もガタ落ちだったよう。ああ、生牡蠣、好きなのにな。

FRANCE
シャンパンの旅

ランスのまわりには、延々とぶどう畑が広がる。
ふっちゃ！
ぶどうの木は収穫しやすいよう、腰の高さくらいまでしかない。

＊TAITTINGER＊

起源は300年以上前にさかのぼる。
今は数少ない、ファミリー経営の名門メゾン。

フルボトルで27.5ユーロ。日本だと7千円くらいする…。
TAITTINGER
ブリュット・レゼルブ
スタイリッシュなガイド氏、細身のスーツがキマってる！
5～6週間の間、毎日1/8ずつ瓶を▲
回転させていくルミアージュ(動瓶)。
途方もない数なんだけど…！

広場のレストランで
食べた、サーモンの
カルパッチョ。
シャンパンにぴったり♡
パリから TGV(高速
鉄道)で1時間ほどで
行けるので、おススメ!

酒豪の友人がコーディネートしてくれた、シャンパーニュ地方を訪れる旅。中心地ランスは、のんびりしたムードの地方都市。普通と違うのは、広場に並ぶのがシャンパン・バーやシャンパン・レストランだということ。さっそく老舗《しにせ》風のレストランに入りました。お店のオリジナルを頼んでみたら、キリッとドライでさわやかな味。値段も安いので、2杯、3杯とシャンパンづくし。なんて贅沢《ぜいたく》な夜。「シャンパン」って、シャンパーニュ地方でつくられたスパークリングワインしか名乗ってはいけないことも、この旅ではじめて知りました。

翌日はシャンパン・カーヴの見学。有名な「モエ・エ・シャンドン」をはじめ、10社ほどのメゾンが見学を受け付けています。予約を入れたのは「テタンジェ」社。15人ほどの連帯で薄暗い地下のカーヴを歩きながら、シャンパンづくりの工程を見学します。その昔、ローマ人が建材用に石灰岩を掘り出したため、この地方の地下には洞窟が広がっているのだとか。それを利用して、一年中同じ室温と湿気の中、シャンパンはつくられています。オートメーション化されず、昔ながらの製法を守りながら。試飲タイムでは、手をかけて大切に育てられたきらきらのシャンパンが、さらにおいしく感じられたのでした。

Column 1

街かどのおやつ

Germany

ベルリンの夜のケーキ店で
さみしそうに座ってた

Holland

文字だけのデコレーションってかわいい。
ユトレヒトにて

U.K.

イースターのあひるクッキー

Estonia

マジパンのお菓子をたくさん見ました

Russia

ハバロフスクにて きのこケーキ！

Czech

クリスマス飾りのクッキー"ペルニーク"

Sri Lanka

食べるのに勇気のいるケーキ

China

大好きなサクサク素朴クッキー

Vietnam

ホイアンのネズミまんじゅう

Vietnam

ハノイのチェー（ベトナム風パフェ）
具に花が飾られている

Mexico

目に刺さる色合い

U.S.A.

テキサス州のメキシコ国境の街

AUSTRIA
ウィーンでお茶を

Sacher
ザッハー
あ、あまい!!
グラスにのったスプーンがカワイイ。
クリームてんこもり！
まわりのチョコ皮が甘いのだ。
Grosser Espresso
(大きい)
「ツェントラル」でもこうやって出てきた。
Sacher Torte

「デーメル」のトルテと食べ比べたかったけど、時間切れ。2店はザッハートルテの商標権をめぐって、10年間裁判を争ったのだそう。

Central
ツェントラル

19世紀から続く、美しいカフェ。
早い時間は地元の人が多いようでした。

Einspänner
アインシュペンナー
ウィーンのコーヒーは美味しい
Melange
メランジェ
カフェ「SAVOY」で飲んだ、いわゆるウィンナーコーヒー。生クリームと苦いコーヒーが絶妙なハーモニー。
泡立てたミルク入りの、ウィーン風カフェオレ。そこらのカフェで飲んだけど、うまかったナー。

チェコの帰りにトランジットで立ち寄った、2日間のウィーン。苦手なひとり旅で心細かったけれど、カフェがとにかく、すばらしかった。100年以上の歴史を重ねた老舗店が、美しい姿のままに数多く残されているのです。

その日は土曜日で、人気カフェはどこも大行列。有名店めぐりはあきらめたけど、ふらりと入った小さなカフェがとても味わい深かった。クラシックなシャンデリアと、たばこの煙で飴色に染まった壁。笑顔のウェイター氏に、お客は近所のおばさんやおじいさん。薄暗い店内で、しっとりと昼下がりを過ごしました。

翌日の帰国日は雨。朝8時の大通りは、昨日の人出がうそのような静けさ。石造りの街並みはあわいグレーに沈み、雨のウィーン、素敵だな。石畳を歩き、高級ホテルのカフェ「ザッハー」へ。先客は一組で、ゴージャスな空間をひとり占めしたような気分。

お次は名店「ツェントラル」。アーチを描く天井、柱には壮麗なレリーフが施され、古きよき時代にタイムスリップ。天井が高く広い店内は開放感にあふれ、さまざまな年齢の人々がくつろいでいます。ぴしっと制服を着こなすウェイターさんの、細やかなサービスもうれしい。ああ、なんて居心地がいいのだろう。ついのんびりしすぎて、慌てて空港に向かったのでした。

Wiener Schnitzel
「クンストハウス」ではランチを。
初海外旅行のドイツで、
"Wiener"＝ウィンナーソーセージ
かと注文したら、このシュニッツェルが
出てきてビックリした。
"ウィーンの"という意味なのよネ。
薄い牛肉のカツレツ。豚や鶏もある。
トンカツ好きだから よく食べます。

もうひとつのお気に入りは、2度目の旅で訪れた美術館「クンストハウス・ウィーン」のカフェ。やっぱりチェコ帰りで、〝フンデルトヴァッサー巡礼〟がテーマの小旅行でした。「ウィーンのガウディ」といわれる、奇才フリーデンスライヒ・フンデルトヴァッサー。画家で建築家でもある彼が設計した建物は、壁も窓も床もぐねぐねと独特の曲線を描くユニークな形状。

さて、たった1日のウィーン滞在は国民の休日にぶつかり、お店はほとんどクローズ。それで目的が建築散歩にしぼられて、かえって充実した1日を過ごすことができました。実際使われている公共集合住宅「フンデルトヴァッサーハウス」などを見学。自然を愛するがゆえに直線を嫌ったそうだけど、カラフルに塗り分けられた壁が不思議なリズムを刻み、実に人工的かつ、有機的なデザイン。

「クンストハウス・ウィーン」はフンデルトヴァッサーの美術館。時はハロウィン・ウィーク中の10月下旬。生き物のようにのびやかで、奇妙な建物からにょきにょきと生えた木は美しく色づき、ますます私たちの目を楽しませてくれました。カフェのある中庭は、木や草花が覆うように茂り、きっとどの季節に訪れても幸福な気分で満たされるはず。また必ずや、訪れたい場所です。

Kunsthaus Wien
おもちゃみたいな色合い。
建物から木がたくさん
生えているのも特徴。
やさしい秋の風に、
はらはらと木の葉の舞い散るカフェ。
スタッフがすごーく
感じいい
カフェ中ハロウィンの
カボチャがゴロゴロ
「市営集合住宅
フンデルトヴァッサーハウス」も近い

HOLLAND

オランダ・B級グルメ

＊Zoute Haring＊
ろちゃん
立ち食い、立ち呑みが基本！
特に旬の5〜6月は屋台も大はやり。
マリン帽がキュートなスタンドのおばあちゃん。どこもだいたい、ピックがわりにオランダの旗を立ててくれる♡
どっさりのタマネギと大きなピクルスがキマリ。
＊kroket＊
もうひとつよく見た、牛肉のクリームコロッケ"クロケット"。
カフェにもたいがいあるし、駅には自動販売機まで！
チープなおやつ味

＊Poffertjes & Stroopwafels＊

兄さん含め、たこ焼き！

ポッフェルチェスの屋台。小さなパンケーキにシロップ、バター、粉砂糖たっぷり。

おみやげの定番ストロープワッフルも、屋台の焼きたてはでかい！あまい!!

PON
ガリが死ぬほど好きな人ならおすすめします…。
むー。
pannenkoek
甘いのは食べてないけど、こんな！→
2人がかりでもムリかも…。
「The Pancake Bakery」はアンネ・フランクの家に近く、観光客にも人気。
直径30cm以上
Ham & Ginger

アムステルダムに留学中のMちゃんを訪ねつつ、ヨーロッパをまわることが多かった数年間。上等なレストランにも行ったのに、印象に残るのはB級グルメばかり。屋台や地元密着の味のほうがその国を実感できて、深く心に刻まれるみたい。

オランダでも、心に残るのはそんな味。学校へ行くMちゃんと別れ、オランダ名物の薄いパンケーキ〝パンネクック〟の専門店へ。私は無難にハム&チーズを注文、友人はハム&ジンジャー。なんだかスパイシーでおいしそう。出てきたのは、大きな大きな──ガリのせクレープ！　甘く煮詰められたしょうがは、「意外とイケるかも」と思ったのは最初だけ。彼女はガリをよけよけ、食べておりました。私のほうは、予想通りのおいしさ。カリカリの生地は、関西の粉ものを彷彿《ほうふつ》させる素朴な味。巨大すぎて、半分でギブアップしてしまいましたが。

それからあちこちで屋台を見かけた〝ハーリング〟（ニシンの塩漬け）。オランダのニシンは、日本人にとってのマグロのような存在なんだとか。塩と酢でシメたニシンに添えられるのは、生のタマネギ。まるで居酒屋メニューのようで、ビールと合う！　地元っ子はしっぽを持って、丸ごと一匹をパクリと食べるそうな。道ゆく人々の大きさも納得の、豪快なオランダごはんでした。

BELGIUM

ベルギーところどころ

Antwerpen

到着早々、ワッフルを。
ベルギーワッフルには2種類あって、
アントワープで食べた四角いのは
ブリュッセル風。薄くパリパリの生地に
トッピングをのせて食べる。

私はブリュッセルワッフル派
チェリーシロップとアイスクリーム添え

こちらはだ円形の"リエージュ・ワッフル"。
ずっしり身のつまった生地は砂糖入りで、かなーり甘い！

プチ・フールがズラリ。いくつも味見。
1コ€0.6

Brussels

お菓子の国、ベルギーは
街中においしそうなウィンドウの誘惑。

2011年に日本にも上陸したベーカリーカフェ
「ル・パン・コティディアン」。店頭で光輝く
タルトやスイーツにつられて、引きこまれました。

自分用の贅沢、「ピエール・マルコリーニ」のチョコレート♡
日本に比べれば格安！

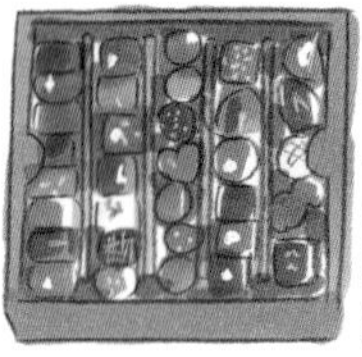

旅の間につまんでいました

Brugge
愛らしい街をサイクリング….
Breydel De Coninc
同行のMちゃんの友達おすすめ。
実家がブルージュで、家族で
訪れるお店なんだとか。
ベルギーの名物を満喫。
ガーリックと
ハーブたっぷり
カラ用ボウルもでかっ
山盛りのムール貝！
旬のおわりの4月
だったから、身は小ぶり
こちらはちょうど旬の
ホワイトアスパラガス。
やわらかなアスパラに
ゆで卵とバターの
ソースをからめて。
チョコレートそのもののような
濃厚なムース
エスプレッソは
デザート付き。
…シャーベット
Bier
ベルギーといえば！ ごはんに
おやつに、フルーティな
ビールを楽しみました。
上の「Breydel De
Coninc」では
「リーフマン」の
さくらんぼ
ビールを
修道院ビール
甘くほろ苦い
「ブルージュ」トリプル
（ブルージュ）
「デ・コニック」
（アントワープ）
「ウェストマール」ダブル
ビールには専用のグラスがあり、
スーパーでも売っている

GERMANY

フランクフルト・DJディナー

レンゲにホタテ
前菜のひとつ。
パリパリの皮に包まれたサラダ。
あぐらでシツレイ！
'wagyu nigiri'
使うのはおはし
やわらかーい和牛はポン酢で。
はし休めにポップコーン。
デザートのひとつ。
ストロベリースープと
ジンジャーアイス。

アムステルダムの大学院で、アートを学んでいたMちゃん。好奇心、向学心旺盛な人で、彼女と旅をするといつも新しい世界を覗《のぞ》くことができます。そんなMちゃんとアムステルダムで合流して、ドイツへ。

一泊したフランクフルトで、ベッドレストラン「Silk」を予約してくれていました。テクノのDJ、スヴェン・ヴァスがプロデュースしたクラブ「Cocoon」のレストラン。これがまぁ、目をむくほどのおしゃれ空間！

ベッドレストランだなんて、「どうやってごはん食べんの!?」と思っていたら、マットレスのお座敷といったところ。小さな盆卓といい、日本の懐石料理か居酒屋に感銘を受けたんじゃないかしら。

張りめぐらされた薄い絹の布が、ピ

＊閉店

＊silk＊
女の子2人連れ。
カップルはイチャイチャしてた。
ここにDJブース
ウェイトレス嬢はみんな白い服。
この引き出しに靴をしまう。まさに居酒屋だよ！
コースは€88〜
小さめのお皿にちょこちょこと盛られた料理を手渡される。
こちらもはし休めのわた菓子

ンクの照明に染められ、心地よいアンビエント音楽が流れています。中央には、レコードを回すDJブース。予約制でみんな同じ時間に同じコースを食べはじめるのだけど、前菜はおごそかにはじまり、メインにいくころにはビートやボーカルが入ってどんどん盛り上がってくる。そしてデザートに向かって、徐々に静かに着地してゆくのです。こんなの、はじめて。料理の出し方や盛りつけにも相当遊び心が散らされていて、食事というよりはエンターテイメントを体感している感じでした。

　トレンドショップの宿命として、すでに閉店してしまったようですが、自分だったら絶対来ようとは思わない空間での初体験に、ワクワクし通しでした。趣味がまったく違う友達との旅って、これだからおもしろい。

GERMANY
ベルリン・カフェ天国

＊Berliner Fernsehturm＊
ベルリンの顔・テレビ塔の展望台にある
カフェバー。上空203mのパノラマを
眺めながら飲むビールは格別。
カウンターの
ドーナツケースが
あんまりかわいくて、
ビールとドーナツという
不思議な組み合わせに。

旧共産圏時代のノスタルジーが残りつつも、あか抜けたおしゃれな街、ベルリン。特に私が滞在したミッテは、セレクトショップや古着屋さんが並び、若者が集まる地区。

ミッテで特筆すべきは、なんといっても〝カフェ天国〟であること。古い建物をリノベーションした、素敵なカフェがそこら中にあるのです。アパートメント形式のホテルに滞在したので、朝ごはんからカフェ通いをしました。

それにしても、乙女系のお店が多いのには驚いた。パステルカラーにレトロな花柄のソファ、古きよき東欧の香りがセンスよく残された空間。元オリーブ少女なら、身悶えするほどのかわいさ。画一的でなくどこも個性があり、インテリアを見てまわるだけで、飽きませんでした。

kauf Dich Glücklich
カウフ・ディッヒ・グリュックリッヒ
通りに面して、カラフルなアイアンの椅子が並ぶ。お店の中は、さまざまなアンティークの椅子がズラリ。
'Eis'はアイスクリームのこと
マキアート
アイスのせワッフル
必見は広ーいトイレ！
Napoljonska
ナポリョンスカ
ペパーミントグリーン×ピンクの内装、バラのソファがガーリー♡
うれしそうにケーキを食べていた男子2人組。

GREECE
絶景ごはん

ギリシャの7つの島を訪れた旅。
絵のような風景の中で食べるごはん。
だいぶ前の旅なので、なんだか夢の中のできごとみたい。

Santorini

エーゲ海の絶壁にたつレストラン。
船つき場から、ロバに乗って町にのぼってくる人々が見える。

サントリーニはもっとも人気の高い島だけあって価格は高めだったけど、*タベルナのレベルが高かった。

Moussaka

ナスやトマト、ひき肉を重ねてオーブンで焼いた"ムサカ"。チーズたっぷりでラザニアみたい。

Souvlaki

ギリシャ料理代表"スブラキ"。シンプルな串焼きで鶏、豚、魚もある。

*タベルナ＝食堂

ゼラニウムの花畑を抜けて……

Mykonos

花と緑でいっぱいの庭園レストラン。
どの料理も上品でおいしかった！

フェタチーズ（ヤギのチーズ）の
入ったサラダ。
ギリシャのフェタは臭くない。
Greek salata
タラコペースト。
パンにつけるとうま〜！
Taramosalata
もちもちのチーズフライ
Saganaki

PHILIPPI

自宅を改装して
開いたレストラン。
ステキすぎるお庭……

Kalamarakia
イカの唐揚げ
アツアツの揚げたて

住所を検索すると、人気
レストラン「M-eating」が
ヒットする。
「PHILIPPI」は
もうないかも??

Column 2

市場のフルーツ

Estonia

市場のいちご。甘酸っぱくておいしかった

Belgium

蝶の絵の薄紙にくるまれたオレンジ。ブルージュのスーパーにて

Hungary

中央市場はツヤツヤフルーツの宝庫。袋類がレトロでたまらない

Denmark

りんご×国旗のフルーツボックス♡

Hawaii

ハワイ島、ヒロのマーケット。カッコイイ…！

Russia

ハバロフスクの市場。窓からコンニチハ

Sri Lanka

果物もスナック菓子も
ハンカチも とにかく吊るす

Mexico

ブタの頭がぶらさがる市場の一角に
愛らしい光景

Vietnam

毎朝 芸術的な作業をくり返す

Indonesia

バリ島。お供えみたい

Korea

ハングルの段ボール。かわいいな

Hong Kong

大きな葉っぱをしくだけでおいしそう!

FINLAND ヘルシンキでランチ

名残りといえば、入口のガラスに残された店名と、ブルーの腰高壁くらいでしょうか。
KAHVILA SUOMI
ランチタイムはビュッフェスタイル。お腹がすいてなかったので、シナモンロール（映画にベタに出てくる）を食べました。
配管工事の親方と若い衆（想像）

＊閉店。現在は日本人経営の「かもめ食堂」になっています。

6月のヘルシンキは、最高の季節。真っ青な空、かわいい船が行き交う港、夜遅くまで沈まない太陽。ライラックが咲き乱れる公園は、暗く長い冬から解放され、ひなたぼっこに精を出す人であふれています。

ヘルシンキの夏の光は独特。白く乾いていて、ちょっと重みのある、北国の光。日本の北国の朴訥《ぼくとつ》な文化や人柄が大好きなのだけど、それに似たものを感じました。ヘルシンキで地図を広げていると、必ず若い人が声をかけてくれる。お礼を言うと、はにかんだ笑顔を浮かべ……親切さがとても素朴で、自然なのです。

物価の高いヘルシンキでは、ごはんはほとんどカフェですませました。忘れがたいのが、帰国直前の「かもめ食堂」体験。映画『かもめ食堂』('06)の

おいしかったお店
TORI

ほどよい塩加減（貴重！）で文句なしだったカフェ。

サーモンとポテトのクリームスープ。
＊閉店

TORIの店員さんが↓
タトゥーだらけの姐さん2人で（フレンドリー♡）、ここにもギャップが……。

CAFÉ KIASMA

現代美術館「キアズマ」のカフェのランチビュッフェがおいしくて大満足。
サラダバーとパンもついて€9

撮影に使われたカフェに行ったときのこと。封切られて1年以上経っていたけど、フィンランド航空の映画プログラムに入っていて、行きの飛行機でも復習したところ。

実際のかもめ食堂は、確かに面影はあるけどかなり庶民的で、配置からして全然違う。相当手を入れて、セットを組んだのだなぁ。ランチビュッフェに続々やって来るのは、労働者風のおじさんばかり。なんだか浅草あたりの食堂にいるみたい。

映画が大好きな同行のKちゃんは複雑な表情。私は、そのギャップにゾクゾクするほどやられていました。「リアルかもめ食堂、最高！」（映画も好きですよ）。ますますヘルシンキ・ファンになって、空港へと向かったのでした。

おじいちゃんもおばさんも子どもも…
みんな アイス大好き！
かわいい アイス小屋
オラオラ
カラスのように群れをつくって、観光客の食べ物を狙うかもめたち。
ちょっと甘いけど、さっぱりしておいしいアイス
なんか目つきもするどいぞ
Café Ursula
船の帆のようなテントがユニーク
フレッシュなディルとエビのオープンサンド
セルフサービスのカフェが多い。
学食のように列に並び、そこから会話が生まれることも。
『かもめ食堂』にとりつかれてる？またもやシナモン・ロール。ちなみにこのカフェもロケ地です。
フィンランドの角砂糖。かわいい！使わずにおみやげに…。

Ravintola Savoy
1937年以来 内装は変わっていないそう
ビジネスランチのおじさまたち
フィンランドを代表するデザイナーアルヴァ・アアルトが内装を手がけた「サヴォイ」へ。格式の高いお店だけど、ウッディであたたかな雰囲気。でも、緊張した！
モダンでシックな家具も照明もアアルト作。このレストランのために作られた「イッタラ」の"サヴォイベース"。
キャロットスープ ジンジャー風味 けっこう塩が強い
ずっしり味の濃い黒パン♡
デザートのアイスもついたランチコースと、調子にのってシャンパンとワインも飲んだら…… €120超え！
にしんのフライ ハーブバター添え

NORWAY
フィヨルドの伝統料理

Otternes Bygdetun
草の生えた屋根、よく見ました。防寒のためらしい。
農場の裏には、雄大なフィヨルドが広がる。
これが日常の風景って… スゴイ。

ノルウェーを旅したのは、「プレスツアー」。旅行会社や観光協会が、マスコミを対象にその国の魅力をアピール→招待された私たちは、旅の模様や見どころを記事にするのです。ノルウェーのハイライトを無料でまわるなんて夢のようだけど、その内容はまさに弾丸ツアー。ハードながら、普通の旅ではできないような体験もしました。そのひとつが、農場での伝統料理の食事会。

古い農場跡を博物館として開放した「オッタネス農場」。17～18世紀に建てられた小屋が並び、中には昔の生活用具が展示されています。小屋のひとつで開かれたのが、小さな試食会。きれいにセッティングされたテーブルにつき、博物館のガイドさんお手製の、心づくしの料理を味わいました。

ろうそくの灯の中で……
現地のガイドさん
チーズスライサー
ヤギのブラウンチーズ&ハム！
強烈なかほり。
ポリッジ
好みで砂糖とシナモンをかける。
大皿から取り分けるのも雰囲気が出て楽しい！
野菜も肉も全て地産もの。
ミートボールシチュー
パンケーキ
生クリームとイチゴジャム添え♡
ジャムも手作り。

ノルウェーではお肉というと、羊が主役。まずはラムのミートボールシチューからスタート。あっさりと食べやすい味……だそうだけど、ラム肉が大の苦手な私は、ちょっぴり味見。お次はオートミールの牛乳粥、サワークリームポリッジ。これは建国記念日に食べる習わしがあるのだとか。お粥というと抵抗があるけど、ほんのりあまくてぬるいヨーグルトのよう。絶妙の温度が口にやさしく、なかなかおいしい。それからヤギや羊のハムとゴーダチーズ。こちらもラム肉同様においが強く、無念のパス……。

羊とヤギの壁は高かったけれど、本当に人のうちに招かれたような、あたたかな雰囲気を堪能。窓の外にフィヨルドを眺めながらの、素朴なフルコースに大満足の夕暮れでした。

NORWAY

ノルウェイの羊

羊と滝…風流だ
10月のノルウェーはかなり寒い。
たいてい斜面で放牧されていて、足腰がきたえられそう。
ベルゲン産の「ハンザビール」はコクとキレが抜群でおいしい!
ラム臭探知機の私の鼻がピクリとも動きませんでした。
前菜はマスとナマズ!
ナマズはものすごく塩辛かった。
クランベリーケーキ
フィヨルドをイメージした盛りつけ?

鉄道マニア憧れの、
山岳鉄道。約1時間で壮大な
風景を走り抜ける。

同じ北欧のフィンランドでたびたび塩責めにあっていたので、ノルウェーの食事もあまり期待していませんでした。ところがプレスツアーでアテンドのN嬢が一緒だということもあり、うれしいことにハズレのない、おいしい食事ばかり！

特に印象深かったのが、苦手なはずのラム肉。羊天国、ノルウェー。雪解け水の滝のふもとに、フィヨルドの谷間に、そこら中に羊が放牧されています。旅をした秋は子羊の旬で、1年でもっともクセのない肉が食べられるのだとか。伝統料理の試食会のとき、せっかくの名物だし、と勇気を出して食べたミートボール。確かに臭みは少ないけど、じわじわ鼻を突き抜ける独特のにおい。

旅のハイライトは、フィヨルドを走り抜ける「フロム鉄道」に乗ること。始発のフロムの村の「フレトハイム ホテル」に1泊しました。夕食のとき、N嬢の「ここのラムは臭くないですよ」という言葉を信じ、イチかバチかでチャレンジしてみることに。

運ばれてきたお肉にナイフを入れ、緊張の瞬間。……臭くない！ しかもなんてやわらかいんだ〜。牛肉より軽やかで、すっごくすっごくおいしい。生まれて初めての、ラム肉完食。勇気を出してよかった。それにしても、シメたてほやほやだったのかしら。またいつか、しみじみとラム肉を味わいたいものです。

DENMARK
おとぎの国のごはん

* TIVOLI *
S TENSEN
こんな照明が
天井から
ぷかりと浮かぶ。
園内のあちこちに
兵隊さん。
売店のカップも
お持ち帰り♡
TIVOLI
GRØFTEN
デンマーク名物・皮つき
ローストポーク"フレスケスタイ"
赤キャベツ添え。
GRØFTEN
TIVOLI
しょっぱいそ
カボチャのスープ
皮がカリカリでおいしい。

冬の気配が漂う10月下旬のコペンハーゲン。ノルウェー取材のついでの、たった2泊の滞在、しかも到着は土曜の昼。土曜の17時～日曜の終日、すべての店が閉まってしまうので、あまり買い物はできませんでした。冬期休業前の、最後の蚤の市が開かれていたのが救い。なにせ物価高のノルウェーでは何も買えなかったので、ストレスがたまっていたんだ。短い午後の時間、蚤の市にスーパー、小走りでかけぬけました。

お店が閉まったあとは、街の真ん中にある「チボリ公園」へ。１８４３年オープンのチボリは、ディズニーランドのお手本にもなったレトロな遊園地。カラフルな電球、手描きの看板、気球型のプチ観覧車、道のタイルにいたるまでなにもかもがとびきりかわいい！

少女のようなヘアースタイルのおばちゃん。
TULIP
時間がもったいないので、昼は屋台のホットドッグ。全然期待してなかったけど、かなりおいしかった。
それもそのはず、「TULIP」は老舗豚肉メーカー。沖縄ではスパムの缶詰めでおなじみ。
スーパー「Irma」のイヤマちゃん
屋台のナッツもの揚げ菓子うま〜い!
「デンマークといえばホットドッグ」らしい。

そんなチボリで、初・デンマーク料理。園内レストランの中でも最古の、1874年創業の「GRØFTEN」へ。気球がトレードマークのようで、照明やお皿に愛らしくあしらわれています。いかにも遊園地のレストランらしいけど、歴史を積み重ねた店内は、作り物っぽさや安っぽさがみじんもない。多くの家族連れでにぎわい、隣のテーブルには高校生の姉妹とダンディーなパパ、おしゃれなママ。なごやかでくつろいだ空気が流れ、「家族っていいなぁ」と胸があたたかくなる光景でした。お味はかなり、塩がキツかったけど……。寒い国の宿命？

硬派なノルウェーやフィンランドに比べ、ラブリーテイスト満載のデンマーク。さすがアンデルセンの生まれた国、まさにおとぎの国でした。

CZECH
チェコビールの誘惑

＊U Fleku＊

創業1499年、プラハで一番古いビアホール「ウ・フレクー」。修道院だった味のある建物でカンパイ！

席につくと自動的に出てくる自家製黒ビール。まったく臭みがなく、おいしい！
コースターには入口にある大きな時計の絵
グリークサラダ チーズと生パプリカどっさり
牛肉のグラーシュ クネドリーキ添え。クネドリーキはもちもちの蒸しパンで、チェコ料理の大定番。
プラハハムに夢中！
つまんなそう→
チェコの小説『兵士シュヴェイク』のコスプレをした楽団が登場。
おどけてるけど陽気じゃないのが、チェコっぽくていいわあ。

U Rudolfina
地元で人気のレストラン。どの料理もめちゃくちゃおいしくて、夢中で食べました。
ここのビールはピルスナーの原型となった「ピルスナー・ウルケル」。
チキンのシュニッツェル
シャンピニオンフライ カリカリの衣とジューシーなマッシュルームのハーモニー♡
料理の写真を撮るのも忘れ、ほぼ食べおわった写真から、絵におこしました……。
うまッ
スープが絶品。キノコにニンニク、ハーブ。複雑な味。
皮パリパリのソーセージ

旅先でのビールはおいしいものですが、チェコはやはり特別でした。なんせビール消費量、世界一のお国柄ですから。老舗ビアホールで、レストランで、毎日毎夜大よろこびで飲んでおりました。

チェコのビールはどっしり重く、酔いがまわりやすい。ラベルを見ると、なんと10%や12%の表示（普通は5%程度）。「さすが本場はアルコール度数も高いなぁ！」と、1杯でセーブしていました。ところがこれは、麦汁の濃度を示す〝バリング度〟の数値。高いほど麦芽を多く使用していて、味や香りが豊かになるのだそう。夜も1杯で満足できたのだから、よっぽど味がしっかりした濃厚なビールなのでしょう。チェコでなにがよかったか、と聞かれたら「ビール」と即答するもんね。

POTREFENÁ HUSA NA VERANDÁCH
大手メーカー・スタロプラメンの醸造所レストラン。地下鉄「Anděl」駅
工場見学もやってる
親切なスタッフのイチオシ、"Staropramen Granát"
STAROPRAMEN
ローストポークを頼んだら、ギャートルズみたいな肉の塊が出てきた…！
「バドワイザー」の名前のもと…本物はウマイ！
代表的な銘柄は「ピルスナー・ウルケル」(右)と、「ブドヴァル」(左)。この 2 つは日本でもたまに見かける。

そうやって旅の間中、ずっと1食1杯で過ごしてきたのに。ビールメーカー「スタロプラメン」の醸造所に併設されたレストランで、できたてのビールを飲んだときは、あまりのフレッシュさに我慢できなくなってしまいました。何口飲んでも、ものすごくおいしいままなんだもの！　案の定、いい塩梅にほろ酔い気分に。

　そのあと観に行った人形劇では、どんなに必死に目を開けようとしてもダメ。3人旅だったのですが、2杯コースの2人は最初から最後まで舟を漕ぎ漕ぎ。もうひとりの友人に「はずかしかった！」と怒られてしまいました。本当、失礼な観客です。

　こんなことがあるから飲み過ぎは禁物。その掟を破ってしまうほど、チェコビールは魅惑的なのでした。

歴史的カフェでもビール….

＊KAVÁRNA OBECNÍ DŮM＊

ゴージャスな
シャンデリアが美しい
市民会館のカフェ。
モーニング＆ビール！

＊CAFÉ IMPERIAL＊

1914年築のホテル
インペリアルのカフェ。
全面を埋めつくすタイルや
モザイク画がエキゾチック。

ポークとクネドリーキ

コーヒーを頼むと
ドーナツがついて
くる伝統…だ
そうだけど、
やはりウルケルを。

＊Café FRANZ KAFKA＊

プラハ城・黄金小路
にある小さなカフェ。

ブドヴァルとグラーシュ
スープ。カップの上に
ちょこんとのった
パンがカワイイ。

＊閉店

HUNGARY

グヤーシュとトカイ

Gulyás
生のパプリカも入ってる。
お皿がレトロで愛らしい
中央市場にはパプリカがズラリ。
唐辛子の一種だが、辛味やクセが
強くない。
巨大マッシュルームの肉づめ
Alföldi Vendéglö
クロスやお皿がハンガリーらしくて
かわいいレストラン。
プラハーブダペストの
夜行列車で風邪を引き、
前半は意識もうろう。
ポカポカになるグヤーシュが
ありがたかった……。
でもトカイも摂取☆
パイとスコーンの
間のような塩パン
"ポガーチャ"も
好き〜。
Tokaji
戦利品のへんてこ人形を愛でながら
トカイを飲む。
毛むくじゃらの
ドナルド…?

中央市場2Fに
立ち飲みコーナーが
あり、ここでも
トカイを一杯。
生き返る…
テーブルクロスが
乙女チック☆

寝台列車で、風邪を引きながら到着したブダペスト。今まで旅した中でも、特に好きな街です。街全体が世界遺産に登録されていてとても美しく、夜はまた格別。「ドナウの真珠」とはよく言ったもので、しっとりとした輝きを放っていました。昼間も旧共産圏特有のほの暗さが漂っていて、そんなところもたまらない。

ごはんで夢中になったのが、グヤーシュとトカイワイン。グヤーシュはたっぷりの野菜と牛肉を、粉末のパプリカで煮込んだシチュー。滋養たっぷりのほこほこ懐かしい味で、日本人の口に合う。主役のパプリカは、煮込みやサラダ、粉末はスパイスになる、ハンガリー料理には欠かせないもの。何杯もグヤーシュを食べたけど、滞在したアパートの近所の、普通の食堂が一番おいしかったな。素朴で濃厚で、しみじみお腹があたたまりました。

トカイワインは、糖度の高い〝貴腐ワイン〟。貴腐菌というカビの働きで水分が出た、干しぶどうからつくられるもの。一本の木から貴腐化したぶどうは少ししか収穫できず、製造にはとても手間ひまがかかるのだとか。現地ではスーパーで安く手に入るので、部屋でも酒盛りをしました。かなりあまいけれどとろっとさわやかで、するする飲めてしまう。グヤーシュとトカイのおかげで(?)、風邪の治りもうんと早かったみたい。

RUSSIA
ハバロフスクの夜

красная Икра
イクラ
ホテル近くのレストラン
「ルースキー」で。さすがに
キャビアは頼めず…。
これで約千円の
高級品！
「ルースキー」のマトリョーシカ看板♡
12-01

極東ロシア・ハバロフスク——実は新潟空港から2時間半という、驚きの近さ。ホテルに着いたのは夜9時過ぎで、私と友人の3人はお腹がぺこぺこ。宿泊した「インツーリスト」は大型ホテルなので、食いっぱぐれることはないと思っていたのだけど。

メインダイニングはパーティーの真っ最中。老夫婦や家族連れが、大音量のディスコミュージックにあわせて踊っています。ひるみつつ、スタッフに「ごはんが食べたい」と伝えました。こちらは片言の英語、相手はぺらぺらのロシア語。でも「フィニッシュ」ということだけはわかった。0時半ラストオーダーのはずなのに……。「このままでは眠れない！」責任者らしきおば様をつかまえました。私たちの必死の訴えに、彼女はあくまでもクールな対応。ここはもう、ロシア語がわからないのをいいことに、突っ走るしかない。ついにあきらめない私たちに観念して、「もぉッ」とメニューを差し出しました。それまで無表情だったのに、にかっと笑ってくれて、涙が出そう。そして「部屋で待ってて」と去って行きました。

さて、彼女が「はいよ、お待たせっ（多分）」と威勢よく運んできてくれた料理は、旅一番のおいしさ。ごり押しと人情によって、その夜は安らかに眠りにつくことができました。

ГОСТИНИЦЕ インツーリスト
Пельмени
ペリメニ
つぼ焼きの水ぎょうざ。
フタももっちりした生地で、うまい!!
つるつるの小さいのがたーくさん入ってる。
Борщ
ボルシチ
ロシアの国民食。
野菜たっぷりの煮こみスープ。
店によって味はさまざま。
ここのがダントツだった。
一見迫力があるけど、少し話すとみんな笑顔になってくれる。
しかし一転、朝ごはんは…
オムレツを頼んだら、トーフが出てきた！
ロシアの卵は黄味がうすい！
РЫНОК 市場
中央市場2Fでランチ。
そっけない食堂だけど、家庭的な味でおいしい！
Мәнті
マンティ（肉まん）サワークリームがけ
ПИРОЖКИ
ピロシキ
Лагман
ラグマン
太麺入りピリ辛スープ。
羊肉がポピュラーらしいけど、これは牛肉入り。

RAILWAY
中央駅にて

Praha-hlavní nádraží
プラハ本駅 ＊

3階カフェ。中央は2階通路からドーム天井まで吹き抜けになっている。

植物などの曲線モチーフが、アール・ヌーヴォーの特徴。

19世紀末に建てられた駅舎はアール・ヌーヴォー様式

ドームを見上げながらコーヒーを……

Station Antwerpen Centraal
アントワープ中央駅 ＊

高い白亜の天井に金のお花。20世紀初頭の装飾が美しい。下のカフェ部分はモダンなインテリアに改装。

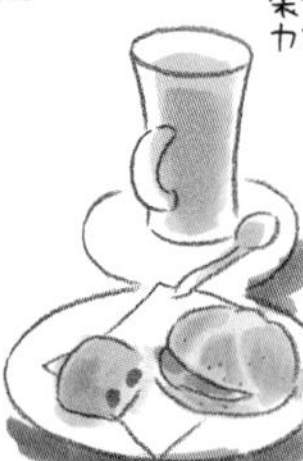

駅朝ごはん

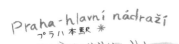

Helsingin Rautatieasema
ヘルシンキ中央駅
アーチ型のカフェのエントランス

こちらもモダンなアール・ヌーヴォー。
壁のタイルがかっこいい！

私の最初の海外旅行は、ヨーロッパの主要都市をユーレイルパスでまわる鉄道の旅でした。はじめての外国の駅。見上げると首が痛くなるくらい高い天井、巨大なシャンデリア。通勤のビジネスマン、民族衣装をまとったアラブ系の家族連れ、バックパックの青年、ごった返す人、人、人。旅路のただ中にいる自分に、体中で興奮したことを覚えています。鉄道が最大の移動手段だった地続きのヨーロッパでは、中央駅は国の玄関口。だからこそ、文化財に指定されるような美しい駅舎が生まれたのでしょう。

最近は時間が取れなくて、鉄道の旅はなかなかできないけれど、訪れた街の中央駅には行くようにしています。一番のお目当ては、駅カフェ。ホームのあたりは近代化されていても、エントランスホールとカフェ部分は、昔の内装を残していることが多いのです。

ベルギー・アントワープ中央駅では、ホテルから歩いて朝ごはんを食べに行きました。簡素なハムサンドとコーヒーだけど、華麗なレリーフを見上げながらの贅沢な時間。チェコ・プラハ本駅はドーム屋根の真下の回廊にテーブルが置かれた、しゃれたつくりだったな。フィンランド・ヘルシンキ中央駅では、バスで空港に向かう前の最後のシメを駅カフェで。旅のはじまりと、おわりが交差する場所。そこでのお茶のひとときは、格別なのです。

Column 3

のりもの おやつ

Finland

ターミナル売店のお菓子

Finland

ヘルシンキ－タリン（エストニア）の高速船

Russia

イクラバゲットとビール

Russia

ハバロフスクの空港で…

Finland

フィンエアーのスナックタイム

U.K.

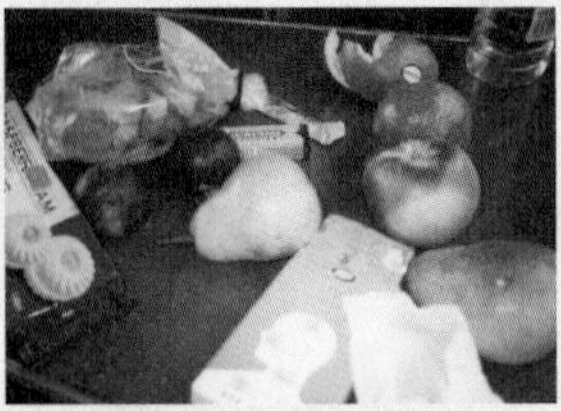

グラスゴー－パースの列車にて

Germany

ベルリン－デッサウの車窓。ビールと、オランダで買ったストロープワッフル

Vietnam

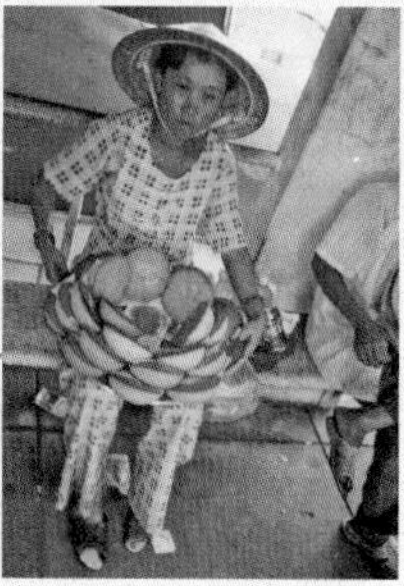

カントー－ホーチミンのフェリー
おいしかったカステラパン

Italy

ピオンビーノ－エルバ島の船
コーヒーにチョコレートがついてきた

Mexico

オアハカのバスターミナルのお菓子

China

周荘－上海のバスに乗る前に、女のコ
クッキーを調達

Japan

船内にうどん屋さん。あっさりアゴダシに
さつま揚げがおいしかったなあ

Japan

わずか15分の鹿児島・「桜島フェリー」

鉄道ごはん

BERGEN RAILWAY
ベルゲン鉄道／ノルウェー（ミュールダール―ベルゲン）
ス・テ・キ♡

公共の場での飲酒は禁止で、座席では飲めないので、食堂車で過ごした2時間。ハンサム・ガイがひとりで切り盛りする簡易スタイル。

うそっぽい肉のミートボール。意外とイケる。

VIETNAM RAILWAY
ベトナム統一鉄道
（ホーチミン―ニャチャン）
鉄格子で牢屋のような窓…
ブタ肉・青菜炒め
青菜のスープ
ごはん
魚の煮つけ
ウエハース

寝台席のチケット代に含まれていたお弁当。きちんと温かくおいしいのは、さすがベトナム。

SRI LANKAN RAILWAYS

スリランカ鉄道（ヌワラエリヤ－コロンボ）

早朝に乗りこんだ列車は食堂車も売店もなく、駅に停まるとやってくるおじさんから、ピーナッツを買って空腹をしのぐ。

おそろいシャツの3兄弟
二等車はギュウギュウで窓ガラスもなし
子どものノートのリサイクル袋♡
売り物はナッツ類、フルーツ、ドライフルーツなど
ライムかな？

紅茶摘みと、彼方まで広がる緑の丘陵。

HUNGARIAN STATE RAILWAYS

ハンガリー国鉄

ブダペストの交通博物館の
カフェは、本物の列車。
プラハーブダペストと寝台列車で
移動したものの、食堂車は
なかったので、ここで満喫。

車窓から公園の緑を眺める

社会主義時代に、教育の一環としてはじまった
「ブダペスト子供鉄道」なるユニークな路線も。
車掌も駅員も子ども！かわいい〜

＊閉店

2015年に惜しまれつつ引退した寝台列車。国内でいわゆる"食堂車"を体験したのは、この北斗星を取材したときのみだなぁ。

飛び去る夜景を眺めつつ、豪華フレンチのディナー。贅沢な時間でした……！

北斗星
（上野ー札幌）
食堂車グランシャリオ
パンもちゃんとほかほかです
カニ、イクラがたっぷりのったオードブル
平目の湯葉包み蒸し焼き…
牛フィレ肉のソテー
チョコレートケーキとアイスクリーム…
厨房拝見
下ごしらえした食材を、たったひとりのシェフが仕上げてた。すごい……！

Asia

アジア

HONG KONG

香港式結婚式

堅苦しいスピーチは一切なく、宴のメインは「食べること」！
私はリタイアしましたが……
次々と料理をとりわけてくれる給仕氏
親迎
ケーキは飾り
デザートはお汁粉と中国風クッキーでした。
靴も刺しゅうがキレイ～
最初に登場して度肝を抜かれる、子豚の丸焼き。目にまっ赤な電球をうめこまれた姿は、涙をさそう……。
このあと、フカヒレスープや頭つきチキン、あわび、延々と中華フルコース！ 食べられなくてくやしい～。

大きな蒸し魚。隣の席の友人が、体調の悪い私の分も平らげて、さらに頭もペロリ。

梅干しを食べさせられ、目を白黒させる香港男児たち。
挙式は洋装、披露宴は中華スタイル。
このために日本から持参
兄弟は胸にコサージュを。私たち姉妹は手首につけて。

香港にお嫁に行った大学時代の友人K。大勢の仲間でかけつけ、朝から夜中まで、詰め込みまくりの結婚式を楽しみました。

第一の儀式は、8時にスタート。新郎とその友人たち「兄弟団」と、新婦側の私たち「姉妹団」。花嫁の家（Kの場合はホテル）にやってきた兄弟団に、「花嫁を出して欲しければ……」とお題を投げかけます。これは新郎の愛情を確かめる儀式。「なんか歌え」だの「おしりでI LOVE YOUと書け」だの、はずかしい命令をされても、明るい香港男子はうれしそうにおしりをフリフリ。最後にお約束の奉納金を納めて、奥から花嫁が登場。

続いて公園内の結婚登記処で書類へのサインと、指輪交換の簡素な式（香港スタイル）→公園でブーケトス&撮影大会→新郎の家で中国式にお色直し→新郎の祖母宅でお茶の儀式（ご先祖、祖父母、両親にお茶を捧げる）。ここまでで、午前の部。朝から貧血気味だった私は長丁場の儀式に倒れ、昼はホテルでのびていました。その間、みんなは新郎新婦と飲茶会。無念……。

披露宴は18時から。あちこちで麻雀大会がはじまり、宴のスタートは20時をまわったころ。余興はなく、中華フルコースをたっぷり24時まで。胃がムカムカして、ほぼ食べられなかった……。体力がないと香港のお嫁さんは、つとまりません。招待客も！

HONG KONG
円卓を囲もう

どの飲茶店も広大な面積を
誇り、たくさんのお客でごった返す。
魅惑のワゴンがまわってくる
おそろしいほど
並ぶセイロ…
マントウ、好き♡
ほんのり甘くて、
ふわふわ。
飲茶
鮮蝦餃
とろりとした半透明の皮と、
ぷりぷりのエビがたまらん。
豉汁蒸鳳爪
香港人の好きな鶏の足。
うーん、ちょっと抵抗が……。
イヤーンかわいい!!
ハリネズミまんじゅう。
セイロをのぞいて選ぶのが楽しかったから…
ワゴン式の店はぐっと
少なくなったそう。
今はオーダーシート式が
主流。効率化の波で
仕方ないとはいえ、
ちょっとさみしい。

香港の北京ダックは、皮だけじゃなく肉も一緒に食べるのね。
北京烤鴨
小麦粉のクレープに甘いみそをのせ、皮付き鴨肉、キュウリとネギを巻いて食す。ウマ〜〜イ!!

あまりにハードな香港式結婚式、新郎は夜中に吐いてしまったそうな（日本人妻Kはぴんぴんしてた）。式の翌日は新郎新婦はゆっくり休み、私たちは街へと繰り出しました。日本から駆けつけた仲間で数日残って遊んで帰ったのだけど、なにより香港では人数がものをいいました。円卓を囲んで、わいわい食べる料理が多いから。2〜3人じゃたくさんの種類が食べられないもんね。

この日は体調も戻り、前日の披露宴のフルコースの恨みを晴らすべく、昼は飲茶、夜は北京ダックという香港王道コースを味わうことに。K夫妻に特におすすめを聞いてこなかったので、さて、どこのお店に行ったらいいのやら。ガイドブックを開いてしばらく検討したけど、意見がまとまらない。こうなったら奥の手を使おう。私たちは通りかかったショッピングセンターの警備員さんに、たどたどしい英語で「おすすめの飲茶店を教えてください」と聞いてみることにしました。おじさんはとまどいながらもしばらく考えて、私たちが差し出した地図にポイントしてくれました。

そこがまぁ、大当たり。おいしいお店は、やはり地元っ子に聞くべし（老いも若きも、必ず行きつけの飲茶店、麺屋、屋台があるそう）。ワゴンが通るたびにつぎつぎとセイロが並び、片っぱしから平らげたのでした。

HONG KONG
香港の釜めし

いろんな匂いが混じり、混沌とする
夜の油麻地。ムード満点！
煲仔飯＊
テーブルクロスがかわいい♡
3人で2つの煲仔飯をシェア。お腹いっぱい!!
少し甘めのしょうゆダレをかける
豚バラと高菜の煲仔飯
魚と豚ミンチの煲仔飯
まぜまぜして食す。

Star＊ferry＊
香港島ー九龍島は　地下鉄なら
すぐだけど、帰りだけは
スターフェリーで香港島に渡りたい。
高層ビル群の夜景と、
夜風を楽しんで。

なんでもおいしい香港でとりこになったのが、屋台で食べた煲仔飯《ボウジャイファン》！　このアツアツの土鍋炊き込みごはんの屋台は、冬の風物詩なのだとか（12月でも東京の10月くらいの気温だけど）。

煲仔飯のメッカは下町の中の下町、九龍島《ガウロン》の油麻地《ヤウマティ》。経済の中心地・香港島の中環《ヅォンワン》からフェリーで10分、九龍島に渡ると街の様子はがらりと変わります。香港島にも下町風の路地はたくさんあるけど、九龍島はイメージ通りのザ・香港。ごちゃごちゃと並ぶ古い商店、青空市場、古いビルから縦横無尽に突き出す看板。人でごった返す路地は、毎日がお祭り気分で心が浮き立ちます。

油麻地というと、有名なのがナイトマーケット（男人街《ナムヤンガイ》）。そのマーケットが途切れるあたりに、煲仔飯ストリートがあらわれます。大にぎわいの路地の、適当な席に腰をおろして注文。具材をお米と一緒に炊き込む、日本でいうと釜飯かな？

運ばれてきたのは、小ぶりの片手鍋。まずはしょうゆのようなタレをたっぷりかけ、ふたをしめます。しばし蒸したあと、ふたをあけてかき混ぜる。底からおこげが出てきて、見るからにおいしそう。アツアツの鍋にふれないように気をつけながら、いただきます。う、うまい〜！　細長くぱらりとしたインディカ米が、香ばしさをさらに倍増。また煲仔飯の季節に、香港に行きたい。

HONG KONG

オールドタイム・香港

＊皇后飯店＊
大好きな映画『欲望の翼』('90年)
に出てくる「クィーンズカフェ」。
'50年代当時の雰囲気が残された、
ロシア料理のカフェレストラン。
店飯 后皇
QUEENS CAFE
撮影時の店ではないけれど、エントランスは健在！

＊映画の舞台になったお店は閉店。
現在は北角店などがあります。

昔ながらの香港式喫茶店「珈琲舗」。九龍でふらふらと吸い寄せられた珈琲舗はすばらしかった。年季の入った内装と木枠のショーケース、ベテラン店員さん、黙々と新聞を読むおじいちゃん客、ミルクコーヒー。京都の老舗喫茶店のような風情《ふぜい》。常連さんたちに混じって古い椅子に座っていると、自分も地元民になったような気分が味わえる。でもそれは一瞬の錯覚で、すぐに異邦人である自分を思い出す。こんな心もとない感覚に浸るのが、旅の醍醐《だいご》味《み》だったりして。

運ばれてきたミルクコーヒーは最初から砂糖が入っていて、これまた京都の「イノダコーヒ」みたい。ほどよいあまさで、なかなかおいしい。一緒に頼んだパイナップルケーキもふわふわのカステラ地がたまらない。素朴なカ

✳文華咖啡冰廳✳
＊閉店
（九龍）
ほとんどみんなひとり客。
じいさんばあさんが声をかけ合ったりしていて、
近所の社交場？
パイナップルケーキ
郷愁をそそる味で好き♡

カステラやパイナップルパン、
素朴な菓子パンがうまい。
素朴なおやつたち……
香港甜品
極品蛋撻
カスタードがのったエッグタルト。
紅豆沙
もちもちの白玉入り。
あずきのおしるこ。
冰花燉蛋
プリン、好き♡

ステラや蒸しパンの類いは上海でもよく見かけたけど、近頃の日本ではなかなか出会えない味。

しばし街の喧噪を忘れ、背広やチョッキでキメたダンディなおじいちゃんたちをこっそり観察して、あまい珈琲時間を楽しみました。

CHINA
下町の朝ごはん

朝の路地裏
青空キッチンで、
二刀流みじん切り。
丸いまな板に大きな包丁!

取材で3週間滞在した上海。同じ漢字の国だから、とタカをくくっていたら、まぁメニューがさっぱりわからない。そして英語が通じる店は、滅多にありませんでした。だから、ほかの人が食べているものを真似するか、勘で注文するしかない。元気なときはそんなバクチもおもしろいけど、疲れている日はつらい。唯一わかる、炒飯と麻婆豆腐を何度も頼むはめになったりして。

そんな中、ストレスなく楽しめたのが屋台の朝ごはん。作っているものを指させばいいのだから、簡単。基本的に朝は外で食べるか買って帰るようで、庶民エリアのあちこちに屋台が立っています。規模がとにかく大きかったのが、塘沽路~七浦路の屋台村。土曜の朝7時半。どの店先も朝ごはんを調達しに来た人で大にぎわい。パジャマ姿で揚げパンを買う主婦、豆乳をほうろうのマイカップに注いでもらうジャージ姿のおじいちゃん。あちこちで湯気をたてる大きな鍋。あまりのディープさに大興奮。目についた屋台でスープや団子を買って行き、最後にたどり着いた包子《バオズ》の店で腰をおろす。ワンタンスープをすすっていたら、通りすがりのおばちゃんに「それ、ここの?」と聞かれました(多分)。「あっちの」と指さしたら、「なんでここで食べてんの」と笑われてしまった。そんなやりとりも楽しい、上海の朝ごはんでした。

ワンタンスープ
その場でどんどん包む。
揚げパン
油っこーい
細長揚げパン
&ホット豆乳は
朝の定番メニュー。
小さいワンタンたっぷり!
包子《バオズ》=肉まん
大ー好きな白玉ごまだんご
SDC
びん欲しさに
買った牛乳
鍋スープ
街角でも見かける
お気に入りの鍋スープ。
たっぷりの野菜と
春雨入りで、おいしい!

CHINA
お茶の時間

甘納豆とさんざしゼリー
豆菓子
パイナップル
＊茶藝館＊
キンカン
蘇州の伝統的な茶芸館。
お茶一種の注文で、茶受けが食べ放題！
…に気づいたのは、会計の時……。中国語オンリーなんだもん。店員さんが運んでくれたの↑を食べただけ。
民族衣装がカワイイ店員さん
お粥とか、ちょっとした飲茶まで！
キーッ

上海の下町で印象的だったのが、お茶の風景。食堂でも道ばたでも、みんなぶ厚いグラスに茶葉を入れ、そこに直接お湯を注いで飲んでいます。茶芸館では茶器でうやうやしく淹れてくれるけど、下町スタイルはワイルドでかっこいい。自転車のかごに無造作に入った空き瓶の水筒、窓辺に置かれた使い込まれたやかんとグラス。旅のアルバムには、そんな風景がたくさん並んでいます。

列車で古都・蘇州《そしゅう》に出かけたとき、女性の車掌さんが大きなやかんを持ってまわって来るのには驚いた。熱々のお茶が飲めるなんて贅沢！　みんなよっぽど好きなんだなぁ。私は車掌さんから茶葉を買って、紙コップにお湯を注いでもらったけど、隣の席のおじさんは茶葉の入ったマイ水筒（瓶）持参。

上海は緑茶が主流で、その点でも親しみやすかった。最高級品の「龍井茶《ロンジンチャ》」や、茶芸館で飲んだ蘇州の「碧螺春《ヘキラシュン》」は特においしかったな。店員さんは高いところから空気をたっぷり含めながらお湯をグラスに注ぎ、あとから茶葉を投入。お湯を足せば足すほど、香りや味わいが濃く出てくるのが不思議。

帰国後も、下町スタイルを真似してお茶を飲みました。何杯お湯を注いでもずいぶん長い間風味が続くもの。上海っ子のようにひっきりなしに飲むには、合理的な方法なのでした。

INDONESIA リゾート入門

Frozen daiquiri
Pina calada

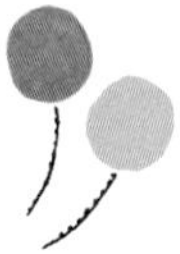

Padma Resort Legian
もっとも「リゾートしてる!」とかみしめたのは、プールのバー。
プールの中にイスがあって、水中にいながらカクテルを飲む…。映画みたい!
子連れの子も、大エンジョイ。

リゾート旅にあまり興味がなく、行くことになるとは思いもよらなかったバリ島。友人の結婚式が開かれることになり、仲間たちとワクワクと駆けつけました。

なにせホテルがすばらしかった。リゾート型の中では中級で、わりとリーズナブルなのに、申し分ない快適さ。緑と花であふれるガーデン、広々プールが2つ、バリの伝統をモダンにアレンジしたインテリアは、ゴージャスすぎずほどよい感じ。そして私をとりこにしたのが、大充実の朝ごはん。

入口のガムラン演奏の横を抜けると、コテージ風の開放的なオープンエアのレストランが広がっています。ビュッフェが楽しいのは初日だけ、というのが常だけど、とにかくバラエティ豊かで、なんでもおいしい。4日間飽きる

広いので、たいがい
テラス席に座れる。
ブーゲンビリアに
プルメリア、花いっぱいの
ガーデンにうっとり……。
noodle soup
香菜をどっさり
のせて、ライムをしぼる。
ビーフン、ヌードルと一緒に好きな
野菜を選んで、その場でゆでてもらう。
もやしや青菜、シャキシャキ野菜と
あっさりスープがおいしい〜。

ことなく堪能しました。卵にかりかりベーコン、サラダ、たっぷりのフルーツ。お気に入りで必ず食べた、ヌードルスープ。だしのたっぷり出た鶏スープが絶品で、これ一品で立派な朝ごはんです。食べたいものがどっさりで、いつもデザートのワッフルやパンケーキまでたどり着けなかった。

朝食後は少し休んで、みんなでエステを。2人掛かりのバリ式マッサージを受ける人、3時間コースでみっちり極楽に行く人（男子3人）。昼は近所の食堂で軽く食べて、午後はプールでのんびり……。

歩きまわる旅が性には合ってると思うけど、素敵なホテルに泊まって、こんなふうに贅沢に1日を過ごすのもいいなぁ。大人の階段をようやくひとつ、のぼった旅でした。

INDONESIA
バリの定食

Nasi Campur＊
迷うねェ……
野菜炒め、魚の煮こみ、味付け卵、魚フライ、エトセトラエトセトラ……
イエローライスは、ココナッツミルクで炊いたターメリックライス。

バリ旅行の最終日は、しゃれたショップやカフェが並ぶクロボカン地区へ。かわいい服や雑貨の宝庫で、ランチがすっかり遅くなってしまいました。この日のお昼は〝ナシチャンプル〟。インドネシアの代表的なローカルフードで、ごはんを盛ったお皿に好きなおかずをのせていく定食です。インドネシア語でナシはごはん、チャンプルは混ぜる……そう、沖縄料理の「チャンプルー」の語源という説もあるそう。

たどり着いた食堂「ワルン・スラウェシ」には緑いっぱいの中庭があり、無造作に配された木のテーブルや椅子がとてもいい感じ。まずは白米かイエローライス、ごはんをチョイス。ケースの中には、おかずが30種類ほど。どれもおいしそう！　手あたり次第に選んでいたら、お皿の上は隙間もないほ

バカ…
本来は、味も雰囲気も
最高のお店です！
よく見りゃ
赤っぽい色の
おかずばっか
選んでるもんね。
38.000ルピー
（約380円）
青菜炒めにビーフン、魚のフライ、エビチリ、煮玉子……

木影のテーブルでのんびり

どぎゅうぎゅうに。最後に「ごはんにこれかける？」と聞かれたときは、「なんでものせてちょうだい」と半ばやけくそ状態。

席に戻って友人を見ると、おかずの数はせいぜい4種。私は堂々、8種盛り。食べてみると、どうやら辛いおかずばかりを選んでしまったようで、まるで唐辛子責め。あまりに腹ぺこで気がまわらなかった……。しかも最後にごはんにまんべんなくかけてもらったのは、サンバル（チリ）ソースでした。どこにも辛くないところがありません。「おいしい！」「ほどよい辛さだね」と和気あいあいと食べる友人の横で、いっこうにはしの進まない私。

欲をかくとロクなことはありません。ほろ苦い、バリ最後のごはんでした（満腹で夕飯も入らず）。

Column 4

バリのおしゃれカフェ

Cafe Bali

外国人の集う洒落たカフェ

バリ島はステキ・カフェの宝庫

Jl. Laksmana, Seminyak

会計時に出てくるキャンディ

すみずみまでロマンチック…

CORNER HOUSE BALI

Jl. Laksmana 10A, Seminyak

おしゃれな服や雑貨も売っているカフェ

＊現在は改装されています。

素朴なパンが並ぶ

Name unknown

名前失念…ウブドのかわいいベーカリーカフェ。とても小さな店内

Tropical View Cafe

一面田んぼビューのカフェ

モンキーフォレスト近くの モンキーフォレスト通り沿いにあったはず…

Jl. Monkey Forest, Ubud

ショーケースもステキ

奥の座敷席でのんびり

SINGAPORE
ホーカーめぐり

人気スイーツ「豆花」

豆乳のぷるぷるプリン＊

最初下に入ったシロップに気づかず「豆腐……」。

ホーカーはたいていオープンエア。歩道にもテーブルが出てる。

午後はじいちゃんたちがのんきにミルクコーヒーを飲みながら、おしゃべりに花を咲かせてる。


ずっと、おいしかった旅の1位はベトナム、2位は在住の友人と歩いた香港でした。シンガポールは味の幅広さでいうと、1位に並ぶ満足度。

毎日入り浸っていたのが「ホーカー」という、小さなストールが並ぶ屋内屋台街。メニューの写真が出ているので間違いないし、なにより安く、レベルが高い。4〜5店集まった小規模なものから、100店以上の大きなフードセンターまで、いたるところにありました。出勤前の会社員や家族連れ、地元の暮らしがよく見えてそれはワクワクする場所。

滞在したチャイナタウンの「マックスウェルフードセンター」には、人気のお店が2つありました。ひとつはおなじみ、「チキンライス」。鶏のスープで炊いたごはんに蒸し鶏がのった、シ

天天海南鶏飯
行列の店です。
丸ごと吊り下がった鶏ちゃんたち。
機能的に配置され、流れるような連携作業を見るのも楽しい。
テーブル、トレイ、お皿の色合いがかわいい♡ S$3.5（224円）…

ンガポールの名物料理。日本で食べるより、一段と肉がジューシーで、コクと風味が濃い。ううむ、こりゃしみじみうまい。食べたいものがありすぎて、一度しか口にできなかったのが残念。

　もうひとつは閉まっているお店も多い朝、そこだけに行列ができるお粥屋さん。営業は朝5時から昼過ぎまでと、午前中限定。お粥は魚と鶏の2種類あって、魚が看板メニューのよう。私の前に12～13人と、列の長さで思っていたよりも待ち時間が長く、30分は待ったでしょうか。みんなすごい量をまとめ買いして行くんだもん。待ちに待ったお粥は魚のだしがよくきいて、とろとろとやさしい舌ざわり。友達と競うように、あっという間に平らげました。

　ごはんがいいと、旅の9割は決まるもの。しあわせな旅でした。

＊真真粥品＊
真真粥品
ZHEN ZHEN PORRIDGE
世界有数の衛生国家ですもの。厳しい規制で、衛生管理は徹底している模様。
テキパキとさばくオバちゃん
ごま油としょうがの風味が絶妙！
おもちゃみたいなプラスチックの食器もカワイイ。
＊魚粥＊ 2.5S$（160円）
＊油条＆豆乳＊
朝の風景で好きなのが、豆乳カップをぶら下げたビジネスマン。細長い揚げパン"油条"と温かい豆乳は、中国の定番朝ごはん。

会社のデスクで食べるのかしら
＊魚生＊
刺身の上にネギやしょうが、薬味がどっさり。

名前が不安で頼まなかったけど、みんなお粥と一緒に注文してた。食べればよかったな。

Hawkers menu

マックスウェル・フードセンター

云呑麺 ＊ ワンタンミー

いわゆるワンタン麺かと思いきや、麺 with ワンタンスープでびっくり。タレをからめたゆで麺の上にはチャーシュー。

やわらかで 甘辛いチャーシュー

2.35S$（147円）

Laksa ＊ ラクサ

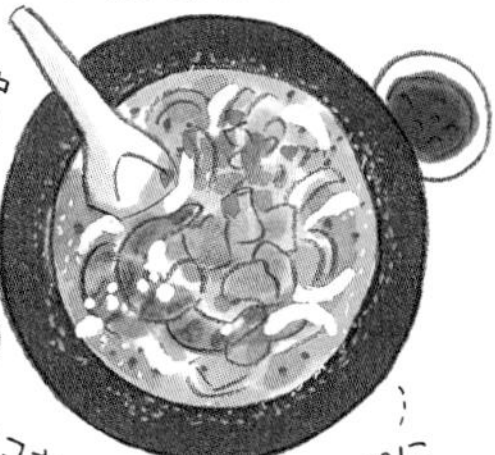

中毒度No.1

ココナッツミルクベースのスープに米麺。クリーミーなスープは甘いようでピリ辛く、クセになる！

福建麺 ＊ ホッケンミー

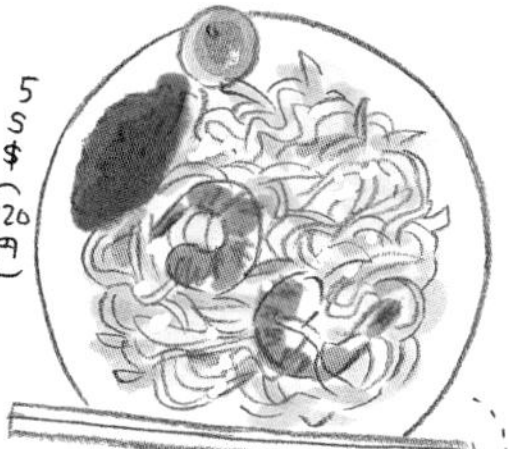

5S$（320円）

エビ焼きそば。ダシがよくしみた麺に卵がやさしくからみ、好きな味〜。スープ入りもある。

魚丸麺 ＊ フィッシュボールヌードル

なんにでもチリがつく

ぷりぷりの魚のすり身団子、揚げブタの脂＆揚げネギをトッピング。あっさりしてるけどコクがある。

VIETNAM ★

ベトナム・おふくろ定食

ホーチミンなどの南部は
ごはんの上におかずをのせる
スタイル。私は別々のハノイ
スタイルのほうが好き。
おじゃましまーす
さつまあげを
サッと揚げ直して
くれる心遣いが
うれしい。
おばあちゃんは
店の一番いい
ポジションに悠々と
座っている。
ベトナムは
働き者の
女性が強い!

旅した中で、一番好きな国は決められないけど、一番思い入れがあるのはベトナム。旅行記の取材で3週間ほど滞在して、ハノイからホーチミンまで、細長いベトナムを縦断しました。とにかく、どの国よりも地元の人たちとまじわりました。言語は通じなくとも路上で言葉をかわし、お店での値切り合戦に笑い、ボられてはムキになって怒り、シクロの兄さんとけんかして、笑ったり泣いたり怒ったり、むき出しの好意や感情とぶつかり合った日々。

人とのふれあいと同じくらい魅力的だったのが、ごはん。なんでもおいしかったけど、一番よく利用したのが定食屋さん「コムビンザン」。通りを歩けばCOM（ごはん）と看板を掲げた店はすぐ目に入ります。混み合った店を選び、店先に並んださまざまなおか

Cơm Bình Dân
魚の煮つけに肉野菜炒め、サラダ、なんでもすこぶるおいしい！
名物、路上の床屋さん
指さしたものをどんどん盛りつけてくれる。
しかしコム（ごはん）・ビンザン（平民）って、すごいネーミング…。
春巻などはハサミでワイルドに切り分ける。
洗面器にごはん！

ずを指さすだけでOK。塩加減のちょうどいい、野菜たっぷりのお惣菜を、100円前後でお腹いっぱい食べられるのです。

夜9時の、ハノイ旧市街のコムビンザン。最後の客の私たちの横で、お店の家族がなごやかに食事をとりはじめました。食べおえると、大きなお兄ちゃんも中学生の弟も、手早く食器を洗い、てきぱきと仕事を片付けてゆく。中心にはかくしゃくとしたおばあちゃんがいて、みんなとても仲がいい。旧市街は、小さなお店が並ぶ古い商店街が続き、そのほとんどが家族経営。やさしい家族の風景に、何度も胸を熱くしたっけ。

日ざしをよけて歩いた木陰と、家族の笑顔と、おいしいごはん。思い描くと、飛んで行きたくなります。

VIETNAM ★

メコンデルタの市場

市場でごはん
屋台エリアには 定食屋から
デザートまで、出店がズラリ。
チョーダイ
チョーダイ
バゲツの上に、おかずやフォーの
具が並ぶ。
市場の"立て
ひざで食事"率
はかなり高い。
Phở gà
鶏のフォー。
くさみのない
おいしい
レバー入り。
5000d(38円)
緑豆
ジュース。
ココナツミルク
風味。

メコンデルタ最大の都市・カントーには、現地のバスツアーで行きました。フェリーに2回乗り、ホーチミンから5時間かけてたどり着いても、一泊するだけ。それではあんまりなので、自費で延泊することに。

つくづくよかったのが、市場をじっくり散歩できたこと。各地の市場を歩いた中で、カントー市場が一番好きでした。ホーチミンやハノイでは、サンダルやかご、雑貨に目を奪われたけど、カントーは食材天国。肥沃《ひよく》なメコンデルタの大地で採れた作物が大集結。市場は川に面して建っていて、ボートからどんどん荷が運び込まれます。獲れたての魚や、みずみずしい青菜、果物。

朝の市場は肝っ玉母さんたちの真剣勝負の場で、観光客が入り込むすきはありません。大きな声、魚のにおい、

Chơ Cần Thó
カントー市場
午後はあちこちで
昼寝がはじまる。
かごの
中のアヒル&鶏
なぜそこで
眠れる?!
見事な
果物のディスプレイ。
小さなリュウガンの
ひと粒ひと粒、
毎朝積んで
いるのだ。
鶏は生きたまま
売られている。
かごの中のは家畜用。
足をしばられているのは↑
食用かしら。

ごった返す人、もたもた歩いてなんかいられない。それがお昼をまわると、急にのんびりとした空気に包まれます。フォーの屋台で、ほっとひと息。食べていると、子どもたちが「ちょうだい」と寄ってきました。お店のおばさんが追い払っていたけど、席を立った途端、ワッと残りのスープに飛びつく子どもたち。おばさんも、これは黙認。

観光から戻って夜の市場を通ると、芸術作品のように美しく積まれていた果物や野菜が、きれいさっぱり片付けられて、木の台が並ぶばかり。台の上では、子どもたちが楽しそうに飛びはねていました。よく見ると昼間のフォーの、あの子たち。屈託なくはしゃぐキラキラした目に、ベトナムのたくましさと明るさを、まざまざと感じた夜でした。

VIETNAM ★
最後の夜は……

モッハイバーヨー！（乾杯！）
陽気なおじちゃん
古い建物は、奥に低い2階がついていることが多い。
CAU LAC BO HUU
RUOU BIA
時々いる、イケメンやさ男風おやじ

ベトナム最終日の夜、空港に向かう前に念願の〝ビアホイ〟に立ち寄りました。ビアホイは、工場直送のポリ容器入りの生ビールのこと。またビアホイを飲めるお店のこと。各地で通りかかるたびに「入りたいなぁ」と思っていたのですが、なにせお客は100％男性。28歳の乙女だった私には、入る度胸がなかったのです。でも、ベトナムも今夜が最後。思い切って、一軒のお店に入りました。

ドキドキしながら食堂のような店内を進み、テーブルにつく。店中の視線を、私と友人が2人占め。観光客の女2人連れがめずらしいのか、どの顔も子どものように好奇心に満ちた笑顔。目が合うとウィンクしてくるおじさん、遠くの席から手を振られ、乾杯を求められ、はしを床に落とそうものなら、

空のポリタンクがどんどん、と並んでいく。
大人数のテーブルには大きな氷入れ。
1ℓで50円しないくらいだった('99年当時)。
BIA HOI
青菜と牛肉の炒めもの
カリカリの豆腐の揚げものハーブ添え
やわらか〜い鶏肉
料理3品とビアホイ1ℓ、コーラで約600円!
これでも「少しぼられた気がする」との記録。
連日の値段交渉バトルで、
相当カリカリしてたな〜。

あちこちから「はしだ、はし!」と声が飛ぶ。人生最高にモテモテだった夜。

ビアホイは東南アジアのビール特有のかなりの薄味。冷え方はあまく、ジョッキに氷を入れて飲むスタイル。薄いビールがさらに薄まるわけですが、これがクセになる。蒸し暑いベトナムでは、あれくらい薄味じゃないと、やっていられないのでしょう。

ベトナム滞在中、おいしくなかった店は記憶にないくらい食が充実していて、最後のビアホイもしみじみおいしかった。高級レストランよりなにより、食堂のごはんが一番。塩、ヌックマム(魚醤油)、味加減が絶妙なのだ。薄々ビールとおふくろの味、ベトナムおやじたちのやさしいまなざしに見送られ、最高の旅のエンディングをむかえたのでした。

KOREA
寒くておいしいソウル

スンドゥブチゲ
「マッコリひとつ」と頼んだらかめできちゃったよ…。
石焼きごはん♡
追加用の卵。味がまろやかに。
トッポギ
キムチどっさり
もやしやキャベツのシャキシャキナムルと、韓国のり
ババシャツ2枚、ニット2枚ヨ。
豆腐入りの鍋。辛いスープとやわらかーい豆腐が絶妙にマッチ。
ナムルとのりが入った丼に、ごはんとスンドゥブを入れ、混ぜ混ぜして食す。
中央の大きなストーブには、ごはんのおこげ茶が。おもゆっぽい。
おこげに湯をかけた"スンニュン"。胃を休める効果があるそう。

お粥
まっ赤な牛肉スープがウリのお店で、前かけをして食べるじいちゃんがかわいかった♡
……
でもね、結局一番おいしかったのは、シンプルな野菜粥。胃の強くない私には、唐辛子&にんにく攻撃がけっこうキツかったから……。

ソウルに降り立ったのは、一年でもっとも寒いと言われる旧正月の頃。この時期が、航空チケットが一番安いのです。出発前からネットで天気予報を見ては、ビビりまくっておりました。だって最高気温がマイナス7℃、最低気温がマイナス15℃ですよ!? 大きめのズボンの下に厚手のレギンス、ソックス2枚、さらにレッグウォーマーをはき、下半身5層構造で旅立ちました。

空港から出ると、一瞬で刺すような冷気に包まれました。冷凍庫の中にいるようで、肌がピリリと痛い。耳まで隠れるニット帽をかぶり、出ている部分は顔面だけ。ああ、目出し帽をかぶりたいところだよ。友達は歯がしみる、とマスクを買い求めました。繁華街に着いてびっくり。「寒すぎる」と大騒ぎの私たちを尻目に、闊歩《かっぽ》する若者たちの薄着なこと。15℃以上は開きがある東京と、変わりない格好で歩いています。マフラーもせずにシャツの第2ボタンまであけて歩く男子、太もも丸出しのミニスカのギャル、見ているだけで凍えそう。幼い頃からの耐性もあるのかな?

でもこの寒さが、最高のスパイスであることは間違いありません。ふるえながら店に飛び込み、唐辛子たっぷりの真っ赤なスープや、あつあつチゲにありつく。じんわりぽかぽか、野菜やお肉の味が五臓六腑に染みわたり、身体の芯からほぐれるのでした。

KOREA
夜の屋台

明洞《ミョンドン》の道の中央に、ズラリと
設置されたテント村。
ひと通りの少ない
夜の街を
ヒャーヒャー言いながら歩く。

歩いては食べ、歩いては食べ。眠らない街・ソウルでは、気づけば1日5食というスケジュールに。朝までやっている服飾専門デパートに行ったあと、午前3時から普通に焼き肉が食べられるんだもんね。

マイナス10℃台でも、夜になると街のあちこちに屋台が立ちます。もちろん吹きっさらしではなく、お店はテントの中。透明だったり、サーカスみたいにカラフルだったり。寒さのためか、街は人影もまばらだけれど、屋台の中は大盛況。ストーブが何台も置かれ、おいしそうな湯気が立っています。

もともと大好きな屋台の、裸電球の明かりとにぎわい。加えて、あまりの寒さに笑えてくるほどの気温。極寒ハイの異様なテンションで、夜はふけてゆきました。

オバちゃんひとりで切り盛りする、小さな屋台。
呼び込みがウィスパーボイスでセクシーだった…
支柱にくくりつけられたナプキン（トイレットペーパー）、つまようじ。省スペース！
まん中にど～んと唐辛子を飾って…
チャミスル
容器は洗面器みたいだけど、おふくろ味で絶品だった鶏と野菜の炒めもの。
カキ&ネギのチヂミ。うまい!!
朝の路上魚屋さん サカナで釘が打てます

SRI LANKA
カフェのビール

At the Peradeniya Botanical Garden
It's a secret.
レストランやカフェは、どんな小さな店でもイギリス風の制服でうやうやしくサービスしてくれる。
ぬるいのが最大の原因だけど、ティーカップで飲むとまずさ倍増…。でも、ウレシイ。
スリランカビールの代表、ライオンビール。ラガーしか飲んでないけど、スタウト(黒)も絶品らしい。
遠足集団とすれちがう。スリランカの子どもは本当にかわいい。はずかしそうに手をふってくれる。
LION

Sri lankan Beer
"エレファント"の。少々薬っぽい味がするけど、ハマる人多し。
満月は祝日で禁酒の日（ポヤデー）！ビールのない食堂やポヤデーには、ノンアルコールのジンジャービールを。ビールというより、生姜の効いた甘いジュース。これもイギリスの置きみやげ。
ワインのようなおしゃれなラベル。"スリーコインズ"。これは薄いビール。

根っからのビール党なので、旅先のビールの思い出は数あれど、忘れられないのがスリランカ。暑い国は薄味なビールが多いけれど、スリランカのは味もコクも、かなりしっかりしている。おいしい紅茶同様、イギリスの植民地だったころの名残みたい。

古都キャンディの植物園を散策して、涼をとりに入った園内のカフェテリア。迷わずウェイターさんにビールを注文すると、置いていないとのこと。たくさん汗をかき、喉の底からビールを欲していた私は、かなりガックリ。するとウェイター氏は「ちょっと待っていてくれ」と言い残し、その場を立ち去りました。だいぶたってから、紅茶セットが載ったお盆を手に戻ってきた彼。

とぽとぽと注いでくれた液体は……あわあわ、泡立ってるよ！それは、ぬるーいビールでした。私と友人がびっくりしていると、彼は「ナイショだよ」とにっこり。あんなに愉快なビール体験は、あとにも先にもティーポット・ビールだけ。

厳格な仏教徒の多いお国柄。女性はもちろん、大都市以外では男性も公然とは飲酒をしないのだそう。ホテルや大きなレストランでは難なく飲めたけど、町の食堂に酒類は置いていないことが多かった。いずれにせよ人はおしなべて親切でおだやかで、こんなエピソードがいくつか残る、素敵な国でした。

SRI LANKA
スリランカのカレー

……。
お皿はビニールでくるまれていた。合理的だがちょっとわびしい。
必ず揚げせんべいがつく。
ごはんたーっぷり！
豆カレーはマイルド
チキンカリー
そして…ナプキンは新聞紙というワイルドさ。
スプーンとフォークはお水に入って出てきた。昔の日本と同じ！

古代から仏教王国として栄えたスリランカは、世界遺産の宝庫。たいがい街から離れたへき地にあり、食事は朝も夜もホテル。ずっとバイキングで、カレー、西洋風、中華風と種類はあれど、毎日だとさすがに飽きてくる。観光途中のランチでしか、現地の味に触れられませんでした。

お隣のインド同様、スリランカもカレーの国。家庭では1日3食、カレーが基本なのだとか。ローカルバスの乗り継ぎ途中に、街の小さな食堂に入ってみました。おっちゃんだらけのディープな店内で、はじめてのスリランカカレー。小さなボウルがどんどんとテーブルに運ばれてきました。野菜の、魚の、豆のカレー、赤いビーツ入りもあって色とりどり。大きなボウルに山盛りされたごはんをお皿によそって、

Paradise Road
The Gallery Cafe
建築家・ジェフリー・バワのオフィスだった建物を利用したカフェ＆ギャラリー。開放的なリゾートと、都会的なモダンさを併せ持つ空間。
丸く切られた葉がかわいい
花のあしらいがステキ。石うすにプルメリアを浮かべて。
突撃！女子大生の昼ごはん＊
ビニール
大学構内を散策中、衝撃的だったのが学生のお弁当。豆？米？と思ったら、テイクアウトのカレー。ビニール袋に入れるのか……。
スリランカの女子大生は、ロングワンピース姿でセクシーなかわいい♡

それぞれのカレーを好きなようにかけて食べるのがスリランカ流。煮こみのように具がたっぷり入ったもの、スープ状のサラサラのもの。かなり辛みが強いけど、とってもおいしい！

でも、カレーを注文したのは8日間の旅で、これが最初で最後。スリランカ米に大苦戦したから。パサパサなのに噛むとぶよぶよしていて、匂いも強烈。カレーだけで食べるにはからいし、ごはんはつらいし……Wの辛さ。同行の友達はその後も果敢に食べ続けていて、食堂のごはんが特に強烈だったみたい。コロンボのおしゃれカフェ「パラダイス・ロード」のカレーはさすがに米の質も良く、それはおいしそうでした。そんなときに限って、お腹を壊していてスープしか飲めなかったのだけど。

Column 5

旅日記

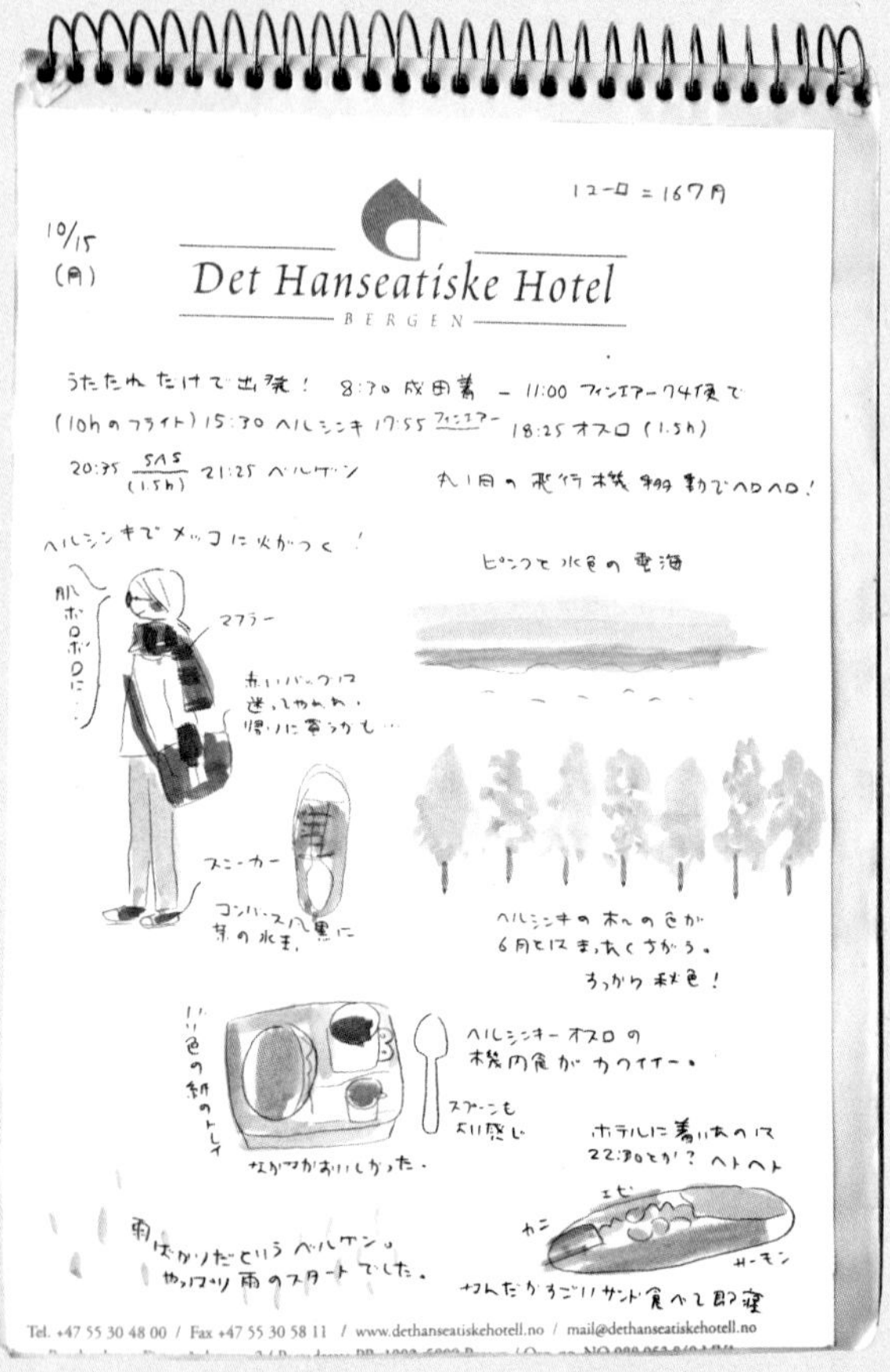
1ユーロ＝167円
10/15
(月)
Det Hanseatiske Hotel
BERGEN
うたたねだけで出発！ 8:30成田着 − 11:00 フィンエアー74便で
(10hのフライト) 15:30 ヘルシンキ 17:55 フィンエアー 18:25 オスロ (1.5h)
20:35 SAS (1.5h) 21:25 ベルゲン
丸1日の飛行機移動でヘロヘロ！
ヘルシンキでメッコに火がつく！
肌ボロボロに…
マフラー
赤いバッグは迷ってやめた。帰りに買うかも…
スニーカー
コンバース八黒に茶の水玉。
ピンクと水色の雲海
ヘルシンキの木々の色が6月とはまったくちがう。
すっかり秋色！
ヘルシンキ−オスロの機内食がカワイイー。
スプーンも木製
なかなかおいしかった。
ホテルに着いたのは22:30とか？ ヘトヘト
エビ
カニ
サーモン
なんだかすごいサンド食べて即寝
雨ばかりだというベルゲン。
やっぱり雨のスタートでした。
Tel. +47 55 30 48 00 / Fax +47 55 30 58 11 / www.dethanseatiskehotell.no / mail@dethanseatiskehotell.no

旅の相棒、日記帳。右ページはノルウェー、左ページはチェコ。
携帯水彩セットで色をつけたり、コースターやチケットをペタペタ。

旅の朝ごはん

FRANCE Paris / Novanox

ヨーロッパのホテルでよくある
"コンチネンタル スタイル"。
コンチネンタル=「大陸」
まさにヨーロッパ風の朝食ということ。
卵なしはさみしいけど、パリのホテルは
さすがにパンがおいしくて、満足。

コーヒー
ミニバゲットとクロワッサン、ブリオッシュ
キウイとヨーグルトも

VIETNAM Ho Chi Minh / Linh

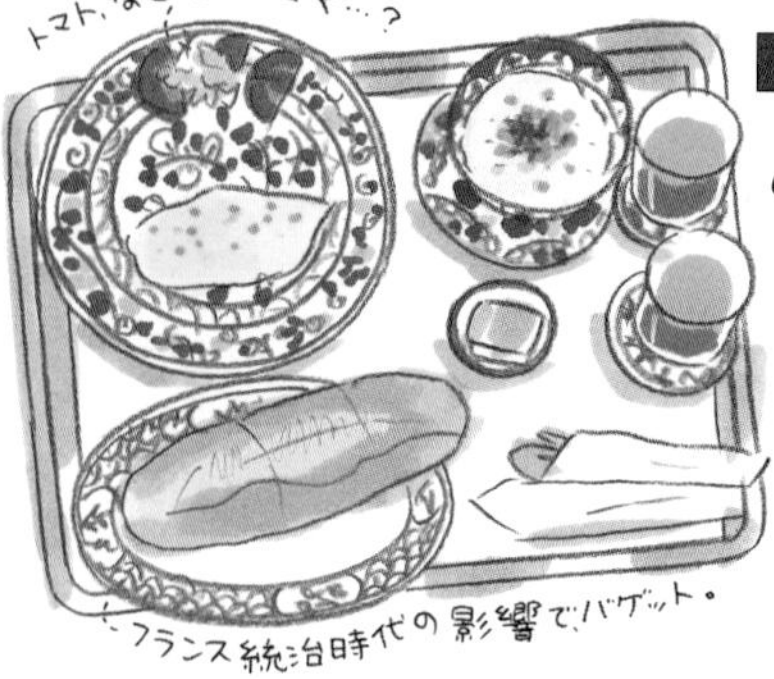

トマト、なぜ、ここに置く…?
フランス統治時代の影響で、バゲット。

市場で食あたりして、
病院で点滴を受けた翌朝。
ミニホテルの若いベルボーイが
おかゆをこしらえてくれた。
胡椒がきいてておいしかったなぁ。
卵とバゲットが普通食。

＊閉店

ITALIA

Firenze / Tornabuoni Beacci

花いっぱいの屋上庭園での朝食。フィレンツェの赤褐色の屋根を見おろしながら。夢のようなロケーション。

CHINA 周荘／貞固堂

160年前の民家を改装した民宿での中国式朝ごはん。インテリアも豪勢なメニューも忘れられない。

高菜炒めに漬物・おかゆのお供
揚げパン、肉まん、目玉焼きにおかゆ…皿がどんどん並ぶ。

＊閉店

MEXICO Mexico City

玉ねぎみじん切り
辛いの
具なしビーフシチュー。玉ねぎをどっさり入れ、ライムをしぼって食す。

朝だけ出現する路上スープ屋さん。タコスとチリ、チーズ責めで弱った胃に沁みわたりました。

U.S.A. Los Angels

卵とカリカリベーコン。けっこうおいしかった。

本場の「デニーズ」は朝食のメニューがとにかく豊富。Tボーンステーキプレートなんてのもありますが……。日本でも好きだけど、ファミレス体験、楽しかったな。

←25歳の私
フレンチトースト

内装もレトロで妙に落ち着く

U.S.A Hawaii, Honolulu

ダイヤモンドヘッドのふもとで開かれる「KCCファーマーズマーケット」。
ワイキキから行きやすい場所柄、観光客にも大人気（ほとんど日本人？）。
友人の結婚式の旅でメンツが多かったので、手分けして並んでいろいろ食べられました。
オープン一時間前に到着して、下見。
木陰で朝食タイム！
大人気の行列店。
うしろでジャンジャン揚げてた。
FRIED GREEN TOMATOES
フライドグリーントマト
青トマト、ズッキーニ、オニオンのフライ。
バジルライム＆わさびレモンのソース
ピザ一切$7など全体的に高め
おいしかったアヒ（マグロ）弁当
プレートランチ

Japan

日本

JAPAN

東京駅・駅弁パラダイス

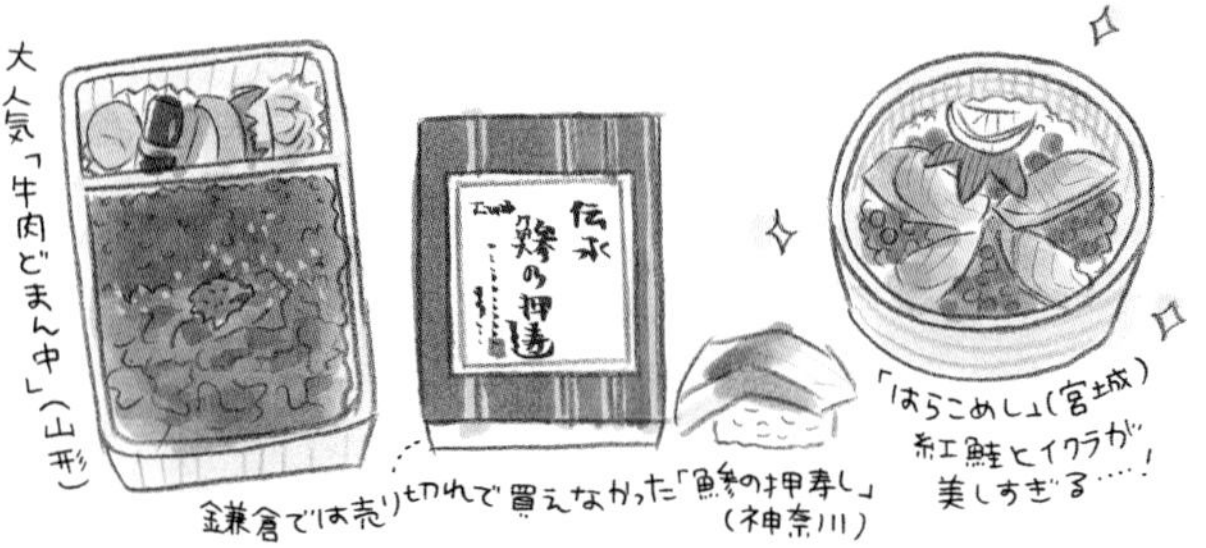
大人気「牛肉どまん中」(山形)
鎌倉では売り切れで買えなかった「鯵の押寿し」(神奈川)
「はらこめし」(宮城)
紅鮭とイクラが美しすぎる……!

飛行機でびゅーっと目的地に向かうのは楽だけど、やっぱり鉄道の旅が好き。のんびり車窓を眺めながらの、駅弁&ビールはなにものにも代えがたい旅の醍醐味です。

仕事で国内を飛びまわっていた時期、東京駅でお弁当を探すのが出張の一番の楽しみでした。時間ぎりぎりのときは、改札脇で定番の深川めしを買って飛び乗るけど、少し余裕があれば、構内地下1階の「グランスタ」をゆっくり物色。お弁当コーナーは築地の寿司店や「浅草今半」など、多彩な顔ぶれ。全国の駅弁を扱う小さなお店もあって、通い詰めたもの。その後改札内中央通路にできた「駅弁屋　祭」は、200種以上の全国の駅弁が並ぶ、まさにお祭り騒ぎのお店。

仕事の場合は別ですが、遊びの旅なら朝でも必ずビールも調達。「グランスタ」のお弁当コーナー向かいの「はせがわ酒店」で、大好きな軽井沢の地ビール、よなよなエールを手に入れます。これも儀式のようなものですが、行きも帰りも、ビールをあけるのは、列車が動き出してから。なんとなく、ビール党ならわかってくれるのでは……。出張帰りの平日の新幹線で、発車と同時に車内のあちこちに響く「プシュッ」という音を聞くのは、「おつかれさま！」としあわせな一体感を覚える、大好きな瞬間です。

出張も前日入りのときは、
心おきなくビール&駅弁！
し・あ・わ・せ…
これから京都→
ストールは新幹線の必須アイテム。
よなよなエール
フルーティーでおいしい〜。
まわりにもファンタし。
YONA YONA ALE
高崎の「復古だるま弁当」
牛肉の時雨煮
地鶏のつけ焼き
舞茸
'60年の発売開始当時の瀬戸物の器が迫力！
茶飯のお米まですべて群馬産にこだわっている。大満足の味！
捨てるのにためらわれる…小物入れにする？

「はせがわ酒店」は日本酒のカウンターバーも併設。
ここでサラリーマンにまじって、キュッと一杯ひっかけるようになったら、私もグランスタ・マスター。日本酒、飲めないけど。

＊駅弁の取り扱いは連載当時のものです。
＊現在、はせがわ酒店のカウンターバーはありません。

JAPAN

地味弁・バンザイ！

鮎屋三代（熊本）
〝焼鮎〟の乾燥窯
2昼夜しっかりと乾燥させる。
「鮎屋三代」は超スローフードです
あまからの秘伝のタレと肝の苦味が混じり合い、滋味深〜い味。
◆鮎の老舗 より藤◆
鮎屋三代
尺鮎の魚拓…じゃなくてコピーなんだって！

茶色くて地味な駅弁が好き。おばあちゃんが冷凍みかんと一緒に食べていたような、昔ながらのお弁当。昔は揚げ物など派手なものに目がいき、深川めし一辺倒の母が理解できなかったのに。やはり、歳を重ねたということでしょう。実際こういうお弁当が、冷めても一番おいしいと思う。出張続きだった2009年のベスト2つも、そんな〝茶色い〟お弁当。

8月の暑い暑い熊本で食べたのは、八代《やつしろ》の「鮎屋三代」。〝尺鮎〟とよばれる、体長25センチ以上の大きな鮎が獲れることで有名な球磨《くま》川に、鮎漁の取材で訪れたときに出会いました。色合いは地味でも、中身は手間ひまをかけた、贅沢でかなり派手な内容。炭火でじっくり1時間以上焼いて、乾燥させた〝焼鮎〟のだしで炊いた茶飯に、

醤油めし（愛媛）

目の前全部が海！の「下灘駅」のホーム
JR予讃線にて。

山菜や鶏肉、煮豆……おかずもいい味！

松山駅ホームの、これまた素朴〜な売店で購入。
◆鈴木弁当店◆
＊現在は三好野本店が販売

3位 あなご飯（香川）

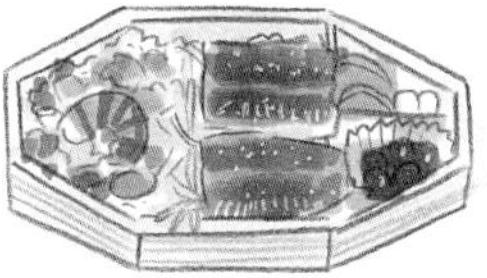

ふっくら肉厚の穴子の蒲焼き。しみじみうまい。
◆高松駅弁◆

丸ごと一匹の鮎の甘露煮がどーんと乗っているのですから。頭から骨までやわらかくおいしくいただける鮎、もっちりした茶飯。九州地区で3年連続駅弁ランキングの一位に輝いたという実績も、深くうなずけるおいしさでした。

　春先に訪れた愛媛県松山《まつやま》の、名物駅弁「醤油めし」。伊予《いよ》地方に伝わる炊き込みごはん・しょうゆめしをアレンジした、実に素朴なお弁当です。発売は昭和30年。茶飯の上に錦糸卵、そのまた上にさくらんぼ。なんて地味かわいいんだろう。しょっぱそうな名前と裏腹に、ほんのりあまい茶飯が、ホッと味わい深い。食べている姿を撮影されていたのだけど、気づけば本気でバクバク一気食い。車窓の瀬戸内海と揺れる菜の花がぴったりの、素朴な駅弁でした。

JAPAN

ホテルごはん

※鳴子ホテル※
（宮城）
ゆきむすび
雑煮は一年中食べられる名物。あんこ餅などもあります。
大好きな鳴子の米"ゆきむすび"。モッチモチ。
おかゆもウマイ
浴衣はこけし柄♡

私が愛する2つのホテル、「鳴子ホテル」と「杉乃井ホテル」。いわゆる温泉地の大型ホテルで、バイキングが有名な宿です。

宮城・鳴子《なるこ》温泉をはじめて訪れたのは20年ほど前。東北の伝統こけしの産地の中で、一番の規模を誇る、こけしと温泉の町。東北旅行の折に立ち寄ったこの地で、私はこけしの魅力に取りつかれてしまいました。

ここ10年ほどは、9月に行われる「全国こけし祭り」に通っています。お祭りでこけしに囲まれ、仲良しの工人さんと飲み、大好きな鳴子の湯に浸かり……そしてお楽しみが、定宿「鳴子ホテル」のバイキング。オープンキッチンでできたての料理を食べられる夜ももちろんだけど、朝がまたいいのです。米どころらしく、ごはんが本当

＊杉乃井ホテル＊
（大分）
好きなネタを選んで
その場で握ってくれる
寿司コーナー。
SUSHI 寿司
真剣勝負の
夕食は、料理が
取りにくいので
浴衣は
着ていきませんッ。
デザートのレベル高し！

においしい。つきたて餅のお雑煮も必ず食べるので、朝からお腹はパンパン。

大分・別府《べっぷ》温泉の「杉乃井ホテル」は私が結婚式を挙げた場所。佐賀の夫の実家に、結婚の挨拶に行った帰りに寄ったのが最初。別府湾を望む巨大な〝棚湯〟に温泉プール、商店街のような売店、キンキラのイルミネーション、そして大興奮のバイキング。まるでテーマパークのよう。

驚異の8割のリピート率を誇る最大の理由は、バイキングの魅力。やはりオープンキッチンで、見た目が派手なだけではなく、味も優秀。スイーツの種類も豊富でおいしいので、デザートまでお腹の量を計算しながら食べるのが腕の見せどころです。

バイキングはがっかりすることも多いけど、この2つは別格なのです。

FUKUSHIMA ●

食堂でソースカツ丼

トンカツ命!

会津若松の名物はソースカツ丼。
七日町を散策中、店名と店構えが
ステキな食堂に入ってみました。

※ハトヤ食堂※

友人の結婚式で会津を訪れました。

おばあちゃんちみたいな座敷で
食べたカツ丼は紅しょうがが
似合う、懐かしいチープな
味(いい意味で!)。楽しい
昭和のひとときを過ごしました。

ごはんと千切りキャベツと、ソースのしみこんだトンカツ

壁にかかった絵もたまらん

ソースカツ丼を名物とする街は全国に
いくつかあり、発祥の地争いの決着は
ついていないのだとか。
福島では広く食べられていて、本宮出身の
義姉曰く「郷土食みたいなものかなぁ」

以前取材で、会津鉄道の"会津浪漫号"に
乗って旅をしたことがあります。

3種の車両がくっついた、
その名も"お座トロ展望列車"。

展望車両
オープンなトロッコ車
お座敷車両

会津若松手前の芦ノ牧
温泉で下車して、行列の
ラーメン店「牛乳屋食堂」
(創業時、牛乳店だった)へ。

ラーメンとミニソースカツ丼セット
ふわふわ麺の魚出汁ラーメンも
おいしいけど、ソースカツ丼が
抜群。見た目よりあっさりしてる。

そして私が愛してやまないのが
岳温泉にある食堂
「成駒」のソースカツ丼。
こけしの産地、土湯温泉に
行くときは必ず立ち寄ります。

とにかくカツがでかい!
やわらかいお肉と、しっとり
しつつサクサク感の残る衣♡

ふたがしまらん

途中で温泉卵を
のっける。
卵の包みが
カワイイー

会津みやげ

＊あいづじょっこ＊
(「白虎堂」)

井上ゆき子工人のこけし絵が
かわいい、サクサククッキー。

あいづじょっこ

しあわせをはさむ
「福はさみ」入り

SHIZUOKA ●

おでん屋さん詣で

まるしま
駅近の路地の、愛らしい小さなお店。 おでんとおにぎり、という最強コンビをいただける。
静岡おでんの代名詞、いわしの黒はんぺん。だし粉をたっぷりかけて。
だし粉は削り節の粉
だし粉とからし
自分で取って、串の数でお勘定。

＊閉店

大やきいも
大やき
いも
大やき
おでんと焼きいも、かき氷が看板。海の家みたいな雰囲気。
スケトウダラのすり身を焼いた"白やき"
魚のすり身の油揚げ包みしのだ巻き。好き♡
ここもおでんはセルフサービス

＊現在、セルフサービスではありません。

三河屋
おだやかな大将の調理ショーを見つつ、乾杯！
煮汁はまっ黒でも塩辛さはなく、あっさりしたおでん
ジューシーなレンコンフライ

文筆家・甲斐みのりさんの案内で歩いた静岡。彼女が愛に溢《あふ》れたふるさとのガイド本『静岡百景』を出したばかりの頃のこと。半日の散歩だったけど、「静岡おでん」に絞って精力的にまわりました。みのりさんが出身地の名物〝富士宮焼きそば〟を作ってくれたり、静岡おでんの差し入れをしてくれていたので、すっかりおなじみだったけど、現地で食べたことはありませんでした。

まずは駅から2軒はしご。どちらも昔の茶屋のようなお店で、真っ黒い汁に浸かったおでんを、自分で好きに取るスタイル。子どもの頃に立ち寄った駄菓子屋さんのような風情で、味も楽しい駄菓子風。そう、静岡でおでんというと、お酒のお供というより、おやつとしての役割が大きいのだそう。ああ、確かに部活帰りに寄る店、食べる味。はじめてだけど懐かしく味わいました。

おでん屋さんが並ぶ青葉横丁にある「三河屋」は、大人のお店。超人気店なので、昼間に電話で予約を入れました。屋台より多少広いくらいの狭い店内、小さな厨房を囲むように席が並んでいます。忙しく立ち働く大将と女将さんのタイミングを見計らって、注文を伝える。お店の一体感、ライブ感にワクワクする。よく味のしみたおでんはもちろん、焼きとりやフライも本当においしかった。またあの居心地のいい空間で、おでんで飲みたいなぁ。

OSAKA ●
焼き肉と甲子園

＊空 鶴橋本店＊
どんなに腹が ふくれようと、ライスと ビールは必須！

1階はカウンターのみ、2階は 座敷。おじさんグループ、家族、カップル、さまざまな 層がにぎやかに集う。

ホルモンをバンバン 頼むおじさんたち。

ガスコンロ。炭火が主流の東京では、あまり見かけない気が。

もやしのナムルもウマイ。

カルビは骨付き。肉が…肉が… ぶ厚い!!

サイン会と書店営業めぐり――どっぷり出張だったはずの1泊2日の大阪行き。そこに持ち上がったのが、「夏の甲子園」というキーワード。母校が、18年ぶりに甲子園出場を決めたのです。第一戦が、サイン会と同じ日であることが判明。朝の第一試合、しかもサイン会会場まで電車で一本。前乗りして応援に行くことを、ノリと勢いだけで決定。野球部の応援には並々ならぬ思い入れを持つ友（バトン部出身）と2人、新幹線で一路大阪へ。

ホテルに荷物をおろし、なにはさておき、旅ごはん。憧れの鶴橋《つるはし》に向かいました。鶴橋は駅周辺に焼き肉店が乱立する、大阪のコリアンタウン。JR鶴橋駅のホームに降り立った途端、焼き肉の芳香が漂います。細い路地が入り組んだ焼肉横丁には看板がずらりと

戦後に闇市があった場所なのだそう。
そぞろ歩きに楽しい焼肉横丁。
雰囲気満点!

かちわりいかがスかー
元気元気。甲子園の売り子さん……
ぼろ負けのわが校応援席に「ハイ、こっからこっからー!」と叫んだり、調子よくて可笑しかったなあ。
首に当てたり食べたり飲んだりのかちわり氷。

並び、観光客や地元っ子でにぎわう様相は、まさにソウルの下町。

お目当ては、関西の友人2人にすすめられた、ホルモン焼き「空」。焼肉横丁でも随一の人気店です。香ばしい煙に巻かれながら、並ぶこと40分。腹ぺこの私たちは、ただただ無言で肉をむさぼりました。

翌日は8時半から炎天下で母校の応援。14対1という甲子園ならではの大敗を喫しましたが、球児たちのがんばりと、久しぶりの校歌に感動。8回の裏にひと足先に抜け出し、大急ぎでホテルでシャワーを浴び(汗だく)、浴衣に着替えて……14時からサイン会!ハードスケジュールをしっかりこなしました。半分仕事だったけど、小さな夏休みを満喫しました。つくづく貪欲だな、自分。

OSAKA ●
B級グルメの聖地

チヂミ at 四天王寺
表面カリカリで中はもちっとした本格チヂミ。屋台とは思えん。
カワテキもうまい〜
写真撮らせて、と頼んだら、ノリノリでこのポーズ。
◆四天王寺 縁日◆毎月21,22日
骨董、古着、安くて楽しい市です。
ハートと小鳥の縁結び絵馬。

関西訪問というと京都がメインだったけど、大阪愛を深めたある年。街を歩けば——駅構内の地べたに座り、化粧道具を広げるギャル、着たいように服を着るおばちゃんたち。人目を気にせず闊歩《かっぽ》する姿を、「自由だなぁ」と憧れの眼差しで眺めました。そして食べ物も、B級グルメの宝庫ですからね。

朝から友達と2人、四天王寺の市に出かけてお買い物。食べ物の出店もいくつかあって、チヂミ屋さんでお昼を食べました。いかにも大阪な、派手で美人な店主のおばちゃんとの会話も楽しみつつ、ビールで乾杯。

陽が傾きはじめたころ、のんびり歩いてジャンジャン横丁へ。通天閣のすぐ下に、串カツ屋さんが軒を連ねています。私たちは並ばずに入れて、でもお客さんでいっぱいの「てんぐ」に入

串カツ at てんぐ
もともと揚げ物に目がないのです♡
地元の人と肩を並べ、わいわい
食べる感じも たまらない。
タマネギ、甘くておいしいー
はし休めのキャベツ
2度づけ御法度のさらさらソース
タマゴなんていうかわり種も!
レンコン
ねぎ焼 at やまもと
看板メニューのスジねぎ焼。
ものすごい量のねぎです。
レモンをしぼってさっぱりいただく。

店。カウンターの中には若い店員さんがずらりと並び、活気に満ちあふれています。串カツは見た目と違って、さっぱり食べやすく、お腹にどんどん入る。おやつだったので、セーブするのがつらかった。

　夜は友達おすすめの、ねぎ焼「やまもと」へ。行列は必至で、30分ほどでカウンターに通されました。「てんぐ」もだけど、カウンター形式のお店は、スタッフの人間模様を見るのもおもしろい。東京より、うんと人間臭い感じ。忙しい時間帯なのに、新人くんをみんな愛情深くフォローしていて、微笑ましかったな。

　ふわふわのねぎ焼も、するする食べられる魔性の食べ物。ガツンと見えて、意外と上品味の大阪の名物たちに、心を奪われっぱなしの旅でした。

KYOTO 川床のひととき

人もまばらな午後3時
肉厚のジャンボ…餃子

夏の京都ならではのお楽しみが、鴨《かも》川沿いにせり出すお座敷席〝川床《ゆか》〟。京都に10年間住んでいた夫と旅をしたとき、連れて行ってくれたのが四条大橋のたもとにある老舗の中華料理店。混みだす夕方前の川床席で、餃子をつまみにさっと飲むのが好きだったのだとか。大正15年竣工、ヴォーリズが手がけた大層かっこいい建物のファンだったけど、こんな楽しみかたは知らなかったな。スペインバロックの壮麗な建物と川を眺めながら、贅沢な一杯。

　川床デビューを飾ったのは20代半ばの旅で、友人Hちゃんの親戚が経営する牛肉料理専門店でした。外座敷ってだけで興奮するのに、眼下には広々とした鴨川、橋の向こうにはライトアップされた南座が見える。昼の暑さがうそのように、涼やかな川の風が吹いてきます。大人の世界を覗いた気分で、すっかり川床のとりこになりました。数年後にHちゃんの結婚式が行われたのも、夏の京都でした。結婚式の前日、夕暮れどきに再訪。ちょうど新郎新婦と、親族のみなさんも川床席に来ておられました。こんな場所で式前日の食事会なんて、素敵だなぁ。

　まとわりつく湿気とすさまじい日ざし、なぜか暑い時期に訪れる機会が多いけど、その分大きなご褒美がある夏の京都なのでした。

ぶあついお肉を
おろしじょうゆでさっぱり
いただく"オイル焼き"。
Hちゃんの
結婚式前日。
暑い中お店めぐりを
してぐったりしてたけど、
夢中でがっつく。
同行の友人のはしが
止まるほどに…
はしで切れちゃうやわらかさ♡

鴨川の源流が流れる
貴船の川床（こちらは
"かわどこ"と読む）は、
野趣あふれていて
さらに気持ちいい！
※叡山電鉄鞍馬線
「貴船口」からバスで5分
水のすぐ上にお座敷

EHIME 映画と旅ごはん

『がんばっていきまっしょい』の「ことり」のシーン
内装も全然変わってない

ボートに青春をかける女子高生の物語、『がんばっていきまっしょい』(’98)は、大好きな映画。舞台は愛媛県の松山。ボートの練習をする海岸、海沿いを走るローカル列車、道後温泉、男の子と自転車で二人乗り。映画に出てくる風景は、設定が70年代だからかノスタルジックな匂いがして、松山は憧れの街でした。

その松山に、仕事で行ける機会が舞い込みました。2日目の午前で取材がおわり、時間があいたので、夕方までかけ足でロケ地めぐりをすることに。お昼ごはんは、田中麗奈《れな》さん演じる主人公の悦子が、学校帰りに寄り道をするうどん屋さんへ。

創業1949年、路地裏にたつ「ことり」は、名前と同様にかわいらしい店構え。名物の鍋焼きうどんは、映画と同じぺこぺこのアルミ鍋で出てきました。悦子は2杯も平らげていたっけ。まずはふわふわのおいなりさんで、少しお腹を落ち着かせる。そしていよいよ、うどんの登場。甘みのある、あっさりめのいりこだしのつゆがおいしい！　しみじみ、懐かしい味がしました。

ごはんのあとは、悦子が練習に通う伊予鉄道高浜線で、小さな列車の旅。松山市駅からしばらく走ると、海沿いに出ます。車窓からは、ボート練習の風景に映る、見覚えのある島が見えました。ああ、感慨無量。映画の世界に浸る旅、しあわせでした。

伊予鉄の車窓から ー 。
終点の高浜手前には「梅津寺パーク」というかわいい遊園地も見える。
*閉園

うれしい〜

編集、ライター、カメラマン、私。女4人のにぎやか旅でした。

ことり

550円
メニューはいなりずしと鍋焼うどんのみ！
2個 260円
讃岐とちがって、やわらかいうどん。

おみやげ

他抜きもなか

まんまるのお腹に、粒あんぎっしり！ 復刻された包装紙もかわいい〜。

SAGA
佐賀・うまかもん

夫
佐賀っ子♡
ソウルフード
1 竹下製菓「ブラックモンブラン」
クッキークランチたっぷりすぎる
チョコアイス。"ミルクック"もうまい。
2 リョーユーパン「マンハッタン」
買い食いの定番！
チョコ菓子パン。
3 丸ぼうろ
ちょっとトーストするのがツウ

ほかの九州の県に比べ、どうも地味な印象のある佐賀。佐賀出身の夫と出会うまで、訪れたことがありませんでした。通ってみると、なかなか見どころがたくさん。嬉野《うれしの》温泉のお湯はすばらしいし、有田《ありた》、唐津《からつ》と名だたる焼き物の産地、気球の競技会〝バルーンフェスタ〟は感動的で大好きなイベント。娘が生まれてからは、孫溺愛《できあい》のじいちゃんのため、年4回は来佐しています。

唐津旅行の帰りに、駅付近で「せっかくだからいかを食べて帰ろう」という話になりました。いかといえば唐津のすぐ隣の呼子《よぶこ》が有名。唐津にもいか料理の専門店が何軒かあり、適当に通りすがりのお店に入りました。私はもともと海鮮料理全般を積極的に食べるほうではなく、全然期待せずにくっついて行ったのでした。

出てきたいかは、まだピクピクと動くほどのイキのよさ。活き造りをあまり食べたことがないので、少々ひるむ。しかし透き通った乳白色の色合いは、うっとりするほど美しい。一口食べて、そのおいしさにぶっ飛びました。「なにこれ！」コリッコリの歯ごたえ、食べると吸い付くような弾力で、噛めば噛むほどほの甘くとろけるよう。いかを食べて、感動に震えたのははじめて。

今度の秋は、いかが大好きな私の母を、バルーンフェスタ＆呼子いかツアーに案内するつもりです。

いかの活き造り✳

ゲソ部分は天ぷらに
してもらい、これもものすごく
おいしかった…！ のだけど、
4ハイ分だと多すぎた。
半分は塩焼きに
するのがおすすめ。

◆玄洋◆

唐津で楽しみに
していた、虹の松原の
移動販売"からつ
バーガー"には出会えず。

博多で食べたことあり

人が集まると"鯉料理"。
娘の親族おひろめ会も
鯉料理屋さんでした。

鯉となるとみんなウキウキ♪
ようかんでも有名な
小城の名物。

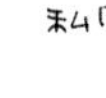

独特の
歯ごたえが
私はちと苦手…。

NAGASAKI

I ♡ 佐世保バーガー

ハンバーガーショップ
＊ヒカリ＊
各店の店先に立つ、バーガーボーイの認定看板が目印！
SASEBO
作者はあのやなせたかし先生。肉が歯なら、レタスはくちびる？それとも歯ぐき？もう夢中です。
ハンバーガーショップヒカリ
個人的に、紙コップやお皿がツボでした♡
女子高生に絶大な人気を誇るというヒカリ。ほんのりあまいバンズがこうばしくて、おいしい！
＊ログキット＊
ヒカリのお隣も、芸能人のサインいっぱいの人気店。しっかり味の、王道バーガー。
ジューシーなパティにチェダーチーズたっぷり。高さが迫力！

佐世保《させぼ》駅の改札を出ると、巨大ハンバーガーのはりぼてがお出迎え。オリジナルキャラの「佐世保バーガーボーイ」くんに誘われるまま、バーガー屋さんへ繰り出しました。そのおいしさには、大感激。正統派でありつつ、日本人にあわせた食べやすい大きさ、やわらかなバンズが食欲をそそる。味が本格的なのは、米軍基地のある佐世保ならでは。昭和20年代に、駐留兵がレシピを伝えたのがはじまりといわれています。

1日半の短い滞在だったので、まわった店は3店。それでも強行スケジュールの中、かなり強引な食べっぷり。1日目の夜に2店、翌日の朝食後に1店。しかしたいしてお腹がすいていなくても、入っちゃうから不思議。お腹にやさしく、ヘビーじゃないのよね。

昭和20年代からの変わらぬ味を守るおかみさんは、ツンデレが魅力。

ひっきりなしに入る注文をこなす、あざやかな手つきにほれぼれ。

ウマイ!!

ここはさかさまで出てくる。手で持つときに、ちょうどいいように！ シンプルで、しっかりした味つけ。

くる。
＊ブルースカイ＊
駅の観光情報センターで、「佐世保バーガーマップ」もらえ〼。

1日目の夜遅くに行った老舗「ブルースカイ」で、飲み帰りのおじさんたちが、うれしそうにハンバーガーを食べる姿に感銘を受けたものですが、佐世保っ子にとっては「シメのラーメン」と同じ感覚みたい。「ブルースカイ」を出ると、持ち帰り用のハンバーガーを待っていたおじさん2人組が話しかけてきました。「うまかでしょ?」酔っぱらってニコニコ笑顔のおじさんに「むちゃくちゃおいしかった！」と答えると、「もう40年食べよるばってん、ここが一番ばい」それぞれに、とっておきの1軒があるよう。持ち帰ったハンバーガーは、冷めたのを翌日に食べるのもおいしいんだって。

　オープンマインドな佐世保っ子とハンバーガーの、ファンになった2日間でした。

SHOP LIST

フィンランド「ヘルシンキでランチ」
P42 ● KAHVILA SUOMI
Pursimiehenkatu 12, Helsinki
＊日本人経営の「かもめ食堂」になっています。

P43 ● CAFÉ KIASMA
Mannerheiminaukio 2, Helsinki

P44 ● CAFÉ-RESTAURANT URSULA
Ehrenströmintie 3, Helsinki

P45 ● RAVINTOLA SAVOY
Eteläesplanadi 14 , Helsinki

ノルウェー「フィヨルドの伝統料理」
P46 ● OTTERNES BYGDETUN
(オッタネス農場)
Otternesvegen 8 , Aurland

ノルウェー「ノルウェイの羊」
P49 ● FRETHEIM HOTEL
Nedre Fretheim , Flåm

デンマーク「おとぎの国のごはん」
P50 ● GRØFTEN
Tivoli, Vesterbrogade 3 , Copenhagen

チェコ「チェコビールの誘惑」
P52 ● U FLEKŮ
Křemencova 11, Praha

P53 ● U RUDOLFINA
Křižovnická 60/10, Praha

P54 ● POTREFENÁ HUSA NA VERANDÁCH
Nádražni 43/84, Praha

P55 ● CAFÉ IMPERIAL
Na Poříčí 15, Praha

P55 ● KAVÁRNA OBECNÍ DŮM
(市民会館のカフェ)
náměstí Republiky 1090/5, Praha

Europe

フランス「パリで異国の味」
P17 ● L'AS DU FALLAFEL
34, Rue des Rosiers, Paris

フランス「ノルマンディのカキ」
P21 ● LES VAPEURS
160 quai Fernand Moureaux,
Trouville-sur-Mer

フランス「シャンパンの旅」
P22 ● TAITTINGER(テタンジェ社)
9, place Saint-Nicaise, Reims

オーストリア「ウィーンでお茶を」
P26 ● CAFÉ CENTRAL
Herrengasse 14, Wien

P26 ● CAFÉ SACHER WIEN
Philharmonikerstrasse 4, Wien

P28 ● KUNSTHAUS WIEN
Untere Weissgerberstrasse 13 , Wien

オランダ「オランダ・B 級グルメ」
P31 ● THE PANCAKE BAKERY
Prinsengracht 191, Amsterdam

ベルギー「ベルギーところどころ」
P33 ● BREYDEL DE CONINC
Breidelstraat 24, Brugge

ドイツ「ベルリン・カフェ天国」
P36 ● BERLINER FERNSEHTURM
(テレビ塔)
Panoramastrasse 1A, Berlin

P37 ● KAUF DICH GLÜCKLICH
Oderberger Str. 44, Berlin

P37 ● NAPOLJONSKA
Kastanienallee 43 , Berlin

スリランカ「スリランカのカレー」
P105 ● PARADISE ROAD
THE GALLERY CAFÉ
2 Alfred House Road, Colombo 3

コラム「旅の朝ごはん」
P108 ● フランス　NOVANOX HOTEL
155 bd du Montparnasse, Paris

P109 ● イタリア
HOTEL TORNABUONI BEACCI
Via De' Tornabuoni 3, Firenze

P111 ● アメリカ（ハワイ）
KCC FARMERS' MARKET
4303 Diamond Head Road, Honolulu

Japan

「東京駅・駅弁パラダイス」
P114 ● グランスタ東京
東京都千代田区丸の内 1-9-1　JR 東日本
東京駅構内 地下 1 階～ 1 階
https://www.tokyoinfo.com/shop/mall/gransta

P114 ● 駅弁屋　祭
東京都千代田区丸の内 1-9-1 JR 東京駅構内
グランスタ内
https://www.jr-foods.co.jp/matsuri/

「ホテルごはん」
P118 ● 鳴子ホテル
宮城県大崎市鳴子温泉字湯元 36
http://www.narukohotel.co.jp

P119 ● 杉乃井ホテル
大分県別府市観海寺 1
http://www.suginoi-hotel.com

福島「食堂でソースカツ丼」
P120 ● ハトヤ食堂本店
福島県会津若松市日新町 14-14

ハンガリー「グヤーシュとトカイ」
P56 ● ALFÖLDI VENDÉGLŐ
Kecskeméti utca 4 , Budapest

ロシア「ハバロフスクの夜」
P58 ● RUSSKY RESTAURANT
（ルースキー）
Ussuriysky bul 9 , Khabarovsk

P58 ● INTOURIST HOTEL
Amurskiy bul 2, Khabarovsk

Asia

香港「オールドタイム・香港」
P76 ● 皇后飯店　北角店
Shopp 022, G/F, Island Place, 500 King's Road, ,North Point ,Hong Kong

インドネシア「リゾート入門」
P82 ● PADMA RESORT LEGIAN
Jl. Padma No. 1, Legian, Bali

インドネシア「バリの定食」
P84 ● WARUNG SULAWESI
Jl. Petitenget, no. 200Y, Kerobokan Kelod, North Kuta, Badung, Bali

コラム「バリのおしゃれカフェ」
P86 ● CAFÉ BALI
Jl. Laksmana, Seminyak, Bali

P86 ● THE CORNER STORE
Jl. Kayu Aya No,10A,
Seminyak, Bali
＊「CORNER HOUSE」としてリニューアル

P87 ● TROPICAL VIEW CAFE
Jl. Monkey Forest, no. 17, Ubud, Bali

シンガポール「ホーカーめぐり」
P88 ● MAXWELL FOOD CENTRE
1 Kadayanallur Street, Singapore

P134 ● ログキット本店
長崎県佐世保市矢岳町 1-1　2 F

P135 ● ブルースカイ
長崎県佐世保市栄町 4-3

おわりに（台北）
P142 ● 人和園雲南菜
台北市中山區錦州街 16 號

P143 ● 青島豆漿店
台北市中正區杭州南路一段 139-3 號

日本「東京を旅する」
P144 ● ローヤル珈琲店
東京都台東区浅草 1-39-7

P146 ● ホテル雅叙園東京
東京都目黒区下目黒 1-8-1
https://www.hotelgajoen-tokyo.com

P121 ● 牛乳屋食堂
福島県会津若松市大戸町上三寄香塩 343
http://www.gyunyuya.jp

P121 ● 成駒
福島県二本松市岳温泉 1 丁目 115

P121 ● 会津路菓子処 白虎堂
福島県会津若松市馬場町 1-51

静岡「おでん屋さん詣で」
P122 ● 大やきいも
静岡県静岡市葵区東草深町 5-12

P123 ● 三河屋
静岡県静岡市葵区常磐町 1-8-7
https://www.oden-mikawaya.com

大阪「焼き肉と甲子園」
P124 ● 空　鶴橋本店
大阪府大阪市天王寺区下味原町 1-10
http://www.yakinikusora.jp

大阪「B 級グルメの聖地」
P127 ● てんぐ
大阪府大阪市浪速区恵美須東 3-4-12

P127 ● ねぎ焼 やまもと本店
大阪府大阪市淀川区十三本町 1-8-4
http://www.negiyaki-yamamoto.com

愛媛「映画と旅ごはん」
P130 ● ことり
愛媛県松山市湊町 3-7-2

佐賀「佐賀・うまかもん」
P133 ● 玄洋
佐賀県唐津市北城内 1-16
http://genyou.jp

長崎「I ♥ 佐世保バーガー」
P134 ● ハンバーガーショプ ヒカリ
長崎県佐世保市矢岳町 1-1
http://hikari-burger.com

旅ごはんのおみやげ

Super Market

旅先で必ず覗くのがスーパーマーケット。完全にパッケージ買いで、その国のおなじみの顔を連れ帰ります。

Denmark
紅茶
LUXUS THE
BLANDING

スーパー「IRMA」のトレードマーク"イヤマちゃん"グッズは豊富。

Norway

朝食に出ておいしかった、サバのトマト煮(左)とレバーペースト(右)

Czech
ハチミツ
VČELÍ
MED

かわいくないのがかわいいプラムジャム。ジャムかハチミツは手がたい。

Russia

とにかくキュートなロシアチョコ。

ついつい持ち帰ってしまうヨーグルトカップ。

MALO
France
Czech
Austria

Austria
MARESI
Cappuccino

みつあみ娘マーク「MARESI」のカプチーノ

Memories of the Trip

CHINA
Shanghai

上海の大衆食堂でよく見た、ライン入りの白い茶碗。そっけないけど品があって、下町の荒物屋さんで売っているのを見つけ、大よろこびで買って帰りました。15年たった今も、うちの食卓で大活躍。

大好きな白玉ごま団子のお店でも遭遇。

陽気なお兄さん

CHINA
Zhouzhuang

周荘のレストランのテーブルセッティングがあんまり素敵で、売ってもらった地ビールグラス。

中央は取り皿の上に黄色いナプキン。

VIETNAM
Hoi an

ベトナムの街角の小さなイスの
オープンカフェは、どこも本当に
愛らしかった。

コーヒーフィルターにポット、
水玉グラス、とカフェ道具一式を
市場で揃えました。

SINGAPOLE

朝食、おやつとして
ポピュラーな
カヤトースト。
カヤジャムは卵と
ココナッツミルク、
パンダンリーフ
〈ハーブ〉でできた
あま〜いジャム。
人気のカヤトースト店の
味が忘れられず、
ジャムをひと瓶
おみやげに。
でもあの味はなぜか
再現できなかった…。

じいちゃんもおやつ♡
サクサクの薄いトーストにバター＋カヤジャム
"コピ"
コンデンスミルク入りコーヒー。大汗かくから、これまたクセになる!

最新の旅は台北。
とびきりのごはんばかり♡
◆人和園雲南菜◆
熟練のマダムが
テーブルで肉を
しゃぶしゃぶして
作ってくれる
過橋麺は絶品。

おわりに

20代半ばから30代にかけて、よく旅をしました。
本などの大きな仕事が終わるころに、
旅の予定をねじ込む――
その旅をニンジンに、ひたすら絵を描き、働いたもの。
自宅で仕事をしていると
プライベートとの境目がほとんどなく、
一日中頭のどこかに仕事モードが張りついたまま。
日常から解き放たれる旅こそが、
まっさらになって休める唯一の本当の「休暇」でした。
とはいっても、新しい発見だらけの旅行中は、
つい「これを描きたい」「ネタになりそう」などと
考えてしまうのだけど、
これはもう染みついた性《さが》なので、しょうがない。
ひとり旅は苦手だし、根っからの旅人体質でもないけれど、
そんなわけで定期的にトランクをひっぱり出して
旅に出ていたのです。
まわった国は、26カ国。

◆青島豆漿店◆
大人気の朝ごはん屋さんの
店先で、肉餅を焼き続ける
おじいさん。

この本では24カ国の旅ごはんについて描きました。
もとになった、雑誌『OZ magazine』での連載
「世界を食べよう！　旅ごはん」がはじまったのが
２００７年。
それまでの旅の話と、
4年間の連載中にも何度か旅をしたので、
そのおみやげ話などで誌面を構成していました。
最初は海外限定だったのが
途中から日本の旅のことも時々描くようになり、
国内の旅ごはんのお話も、ちょっぴり収録しました。
10年以上前の旅の話もあり、
最新の情報というわけにはいきませんが、
あなたの旅の思い出とリンクしたり、
少しでも次の旅のヒントになれば幸いです。

このごろは子どもと旅行するようにもなって、
また新たな旅の仕方を模索中。
ひまを作っては、
旅ごはんを食べに出かけたいな。

文庫版書き下ろし

JAPAN

東京を旅する

Asakusa
ローヤル珈琲店
1962年創業。赤いソファとシャンデリア。
ホットサンドが有名なのだけど、王道モーニングを。
7歳娘は朝からクリームソーダとタマゴサンド。

コロナ禍の２０２０年。春の緊急事態宣言の休校もおわり、少し落ち着いてきたころ、家族３人で浅草旅行へ出かけました。都内でホテルに泊まるなんて、めったにないこと。泊まったのは、コスパの鬼・義兄お気に入りの天然温泉付きホテル。ＧＯＴＯキャンペーン前でも安いお値段の、ビジネスホテル系列の宿でした。

　特に印象に残っているのが、ホテルすぐそばの「ローヤル珈琲店」でのモーニング。浅草は老舗喫茶店の宝庫なので、夕飯も純喫茶で洋食を食べたのだけど、朝はまた格別。８時台の店内は、開け放たれたドアからやさしい光が差し込んで、とてもきれい。新聞を広げるおじさん、ひとりでのんびり朝食をとるおばあさん。まだ人もまばらな店内で常連さんに混じって、充実のモーニング。なんだかはじめての街を

上の牛鍋
×三人前。
迫力!!
錦鯉の泳ぐ池のある
中庭を眺めつつ…。

旅しているような気分です。

朝の浅草寺や街をそぞろ歩いて、チェックアウトのあとは、ホテル目の前の遊園地「花やしき」へ。アトラクションは1回ごとにシートなどを消毒していたので、スタッフは大変だけれど、久しぶりの娯楽を噛みしめました。

帰りの食事は、前から一度入ってみたかったすき焼き・牛鍋の老舗へ。お店に入るとき、人数分の太鼓を叩いてくれるのがうれしい。明治時代から続くお店は、店構えも通された座敷も雰囲気満点。上等の霜降り和牛を楽しんで、恒例の水上バスで浅草をあとにしたのでした。

なじみの街も、「泊まる」というイベントが加わるだけで途端に旅人気分に早変わり。新鮮な休暇でした。

Hotel stay
ホテル雅叙園東京
朝ごはんはレストランでビュッフェ。
朝からローストビーフや、スイーツも
充実。今までのホテル朝食で
1位かも……?!

今度は〝GOTOトラベル〟の恩恵にあやかって、ホテルステイを楽しむ旅。はじめて訪れた数年前の春以来、「ホテル雅叙園東京」の豪華絢爛な世界の大ファン。昭和初期の超一級の日本画や美術工芸品に彩られた館内の、百花繚乱ぶりがたまらない。母と娘と親子三代で泊まったのが、それは楽しい体験でした。

客室は全室スイートルーム仕様になっていて、〝エグゼクティブラウンジ〟という専用クラブラウンジが使い放題。午後はアフタヌーンティ、夕方からカクテルタイムと、眺めのいいラウンジでスイーツやドリンクをいつでも楽しむことができる。何度かクラブフロアに滞在したことがあるけれど、ここのラウンジは満足度がかなり高い。まずフードの種類が豊富で、趣向が凝らされている。お茶やお酒は和にこだわった銘柄が揃い、九谷、有田焼きなどの美しい器がなんとも特別な気分。カクテルタイムは最初から最後まで居座るくらいの勢いでくつろいでしまいました。

そして翌朝はお楽しみの、館内アートツアー。ホテルスタッフのアテンドで、館内の美術品を見てまわる、宿泊者特典のツアーが行われているのです。日本画や美術が大好きな母は、先頭のかぶりつきで熱心に回っていました。丸一日、お腹いっぱい楽しんで大満足。状況が落ち着いたら、またきっと訪れたいホテルです。

Executive lounge
アフタヌーンティにはお抹茶レディ！
注文したら点ててくれる。
和紅茶や日本茶も一杯ずつ淹れてくれる。
マカロン、和菓子にミニバーガー、どれもおいしくて気が効いてる。
よくばって、おつまみあれもこれも…
Art tour
流暢な日本語で、ガイドしてくれた外国人スタッフ。

本書は二〇一六年十月、
小社から単行本で出版された
『世界をたべよう！ 旅ごはん』を
加筆・修正し、文庫化したものです。

一〇〇字書評

切り取り線

購買動機（新聞、雑誌名を記入するか、あるいは○をつけてください）

- □ （　　　　　　　　　　　　）の広告を見て
- □ （　　　　　　　　　　　　）の書評を見て
- □ 知人のすすめで
- □ タイトルに惹かれて
- □ カバーがよかったから
- □ 内容が面白そうだから
- □ 好きな作家だから
- □ 好きな分野の本だから

●最近、最も感銘を受けた作品名をお書きください

●あなたのお好きな作家名をお書きください

●その他、ご要望がありましたらお書きください

住所	〒				
氏名		職業		年齢	
新刊情報等のパソコンメール配信を 希望する・しない	Eメール	※携帯には配信できません			

あなたにお願い

この本の感想を、編集部までお寄せいただけたらありがたく存じます。今後の企画の参考にさせていただきます。Eメールでも結構です。

いただいた「一〇〇字書評」は、新聞・雑誌等に紹介させていただくことがあります。その場合はお礼として特製図書カードを差し上げます。

前ページの原稿用紙に書評をお書きの上、切り取り、左記までお送り下さい。宛先の住所は不要です。

なお、ご記入いただいたお名前、ご住所等は、書評紹介の事前了解、謝礼のお届けのためだけに利用し、そのほかの目的のために利用することはありません。

〒一〇一-八七〇一
祥伝社黄金文庫編集長　栗原和子
☎〇三（三二六五）二〇八四
ohgon@shodensha.co.jp

祥伝社ホームページの「ブックレビュー」からも、書けるようになりました。
www.shodensha.co.jp/bookreview

世界をたべよう！ 旅ごはん

令和3年 3月20日　初版第1刷発行
令和5年10月10日　　　第7刷発行

著者――杉浦《すぎうら》さやか

発行者――辻 浩明

発行所――祥伝社

〒101-8701　東京都千代田区神田神保町3-3
☎03(3265)2081（販売部）
☎03(3265)1084（編集部）
☎03(3265)3622（業務部）

ブックデザイン――わたなべひろこ（Hiroko Book Design）

写真――著者提供（P106-107 近藤陽介）

印刷――萩原印刷

製本――ナショナル製本

ISBN978-4-396-31802-4 C 0195 Printed in Japan
祥伝社のホームページ www.shodensha.co.jp

祥伝社黄金文庫・単行本

杉浦さやか
すきなもの　たのしいこと　AtoZ
'80s～'90s少女カルチャーブック
単行本
おしゃれ、古着、雑貨……。80年代から90年代、あのころの女の子が夢中だったこと、ものをギュッとつめこみました。

杉浦さやか
たのしみノートのつくりかた
単行本
杉浦さやかの原点〝ノートづくり〟のすべてを大公開。『スクラップ帖のつくりかた』16年ぶりのリニューアル版。

杉浦さやか
ニュー東京ホリデイ
旅するように街をあるこう
単行本
杉浦さやかが歩いて見つけた、古くて新しい街、東京！　上野、原宿、浅草、日本橋…9エリア158カ所を紹介。

杉浦さやか
すくすくスケッチ
単行本
「お母さん大好き」——いつまで言ってくれるかな。人気イラストレーター、初めての子育てエッセイ。

杉浦さやか
道草びより
文庫
ちょっと寄り道するだけで、「毎日」が変わります。道草の中で見つけた小さな出来事を綴ったイラストエッセイ。

杉浦さやか
結婚できるかな？
婚活滝修行
文庫
この〝修行〟で運命、変えます！　独身イラストレーターの婚活から結婚まで。文庫版描き下ろし「パウロ先生の婚活一直線」。